INFRASTRUCTURE × DATA ANALYSIS

インフラを科学する
波及効果のエビデンス

東京大学教授
柳川範之 —— 編著

中央経済社

はしがき

　道路や鉄道，橋，あるいは空港や港湾など，いわゆる公共インフラと呼ばれているものが，われわれの生活を支えていることは間違いなく，それをいかにより良いものにしていくかは，当然重要な課題だ。また，多くの災害に見舞われるたびに，インフラ整備の重要性も指摘される。その一方で，財政には限りがあり，適切なレベルのインフラを適切な金額に基づいて整備することも必要とされている。どのインフラにどの程度の金額を支出するのが望ましいのか。
　この難しい問題に100％答えるのは容易なことではない。しかし，少なくとも詳細なデータに基づいて判断し，検討していくことが必要なことは明らかだろう。本書は，このような問題意識の下，この分野の研究者が国土交通省の担当者とともに議論し検討してきた成果をまとめたものだ。
　データに基づいた分析といっても，数字を入力すれば簡単に評価が得られるような単純なものではない。そもそもインフラの効果をどうやって正確に把握するのか。効果や影響といっても，それによって提供企業の利益が上昇するといったこともないため直接的な効果はなかなか把握しづらく，また間接的な効果をいろいろと考えると，どこまでをインフラの効果と考えるべきか，難しい問題がある。しかし，難しいからこそ，研究者が地道に分析を重ねていくことが重要な分野でもある。
　その意味で，本書に収められている論文は，声高に主張を提言するようなタイプではなく，どちらかといえば，地道な検討が積み重ねられたものであり，やや難解と感じられるものもあるかもしれない。けれども，そのような論文だからこそ，その中身には多くの含意があり，部分的にでも理解することができれば，インフラのあり方に対して大きなメッセージが得られるに違いない。
　また，専門的な部分を読み飛ばしても，内容がある程度把握できるように，各章の冒頭部分では，その章のねらいと概要が，そして最終節では，その章のまとめと政策的な示唆が記載されている。時間のない読者は，この部分だけを

読んでも，ある程度内容が把握できることだろう。

　本書の刊行にあたっては，中央経済社の山本継社長，納見伸之編集長と担当の市田由紀子氏にお世話になった。各章によってばらつきのあった用語の統一作業や数式・図表の編集等を含め，関係各位の献身的なご尽力がなければ，本書の完成はあり得なかった。ここに記して深く感謝の意を表したい。

2018年10月

東京大学　柳川　範之

目　次

はしがき　i

序章　インフラを科学する重要性　……………………………………… 1

第1部　インフラの「非伝統的」波及効果

第1章　インフラの経済効果をより広義にとらえる
Wider Economic Impacts からみた集積の重要性　……………… 11

1. 本章のねらいと概要　12
2. 広義の経済効果とは何か？　13
   - （1）広義の経済便益の評価の考え方　13
   - （2）広義の経済便益の各項目の評価手法　14
   - コラム：集積の経済（WB1）の具体的評価方法　15
   - （3）広義の経済効果の評価システム　16
3. 広義の経済効果の理論的位置づけ　20
   - （1）交通関連投資の費用便益分析は，何を測ってきたのか？　20
   - （2）直接便益と間接便益の関係（不完全競争市場等）　21
   - （3）直接便益と間接便益の関係（集積の経済）　23
4. 広義の経済効果の政策的な位置づけ　25
   - （1）間接効果の評価が政策に影響を与える場合とは　25
   - （2）大都市圏の生産性の向上　26

　　　　（3）都市のコンパクト化の推進　28
　　5．本章のまとめと政策的示唆　30

第2章　企業間ネットワークから考える交通インフラの効果
　　　　ヒトの移動と地理空間の重要性 ……………………………… 33

　　1．本章のねらいと概要　34
　　2．経済活動の地理的な偏り　36
　　3．企業間ネットワークの地理的フリクション　37
　　4．企業間ネットワークと企業パフォーマンス　41
　　5．企業間ネットワークの広がり　43
　　6．本章のまとめと政策的示唆　49

第3章　都市間交通インフラと企業間取引・企業パフォーマンス
　　　　東日本大震災による高速道路途絶の影響 ……………………… 57

　　1．本章のねらいと概要　58
　　2．識別戦略　59
　　3．先行研究と本研究の貢献　60
　　4．データと分析手法　63
　　　　（1）データ　63
　　　　（2）変　数　65
　　　　（3）推計手法　67
　　5．推計結果　68
　　　　（1）取引継続に関する記述統計　68
　　　　（2）取引継続確率の推計結果　71
　　　　（3）仕入・販売先順位別の取引継続確率　73
　　　　（4）企業パフォーマンスへの影響　75
　　6．本章のまとめと政策的示唆　77

第4章 高速道路整備と事業所のパフォーマンス
新東名高速道路開通による事業所の生産・輸出への影響 ………… 81

1. 本章のねらいと概要　82
2. 本章における分析対象　83
   - （1）新東名高速道路の概要　83
   - （2）分析対象としての妥当性　84
   - （3）予備的な考察：市区町村レベルでの傾向　85
3. 事業所および高速道路に関するデータ　87
   - （1）事業所データ　87
   - （2）高速道路に関するデータ　88
4. 分析の方法と変数の概要　91
   - （1）分析の方法　91
   - （2）変数の概要　93
5. 推定結果と考察　94
   - （1）生産関数の推定結果　94
   - （2）輸出要因分析の推定結果　96
6. 本章のまとめと政策的示唆　98

第5章 交通インフラの地域別・産業別効果をとらえる
SCGE分析の進展と実務での利用可能性 ………… 103

1. 本章のねらいと概要　104
2. SCGE モデルの種類と特徴　104
3. 実務的利用に向けた SCGE モデル　107
4. 本章のまとめと政策的示唆　112

付録（モデルの詳細）　113
   - （1）モデルの前提条件　113
   - （2）家計行動モデル　114
   - （3）企業行動モデル　115

（4）交易モデル　117
（5）市場均衡条件　118

第2部　インフラが果たすこれからの役割

第6章　都市の魅力
何が都市の成長をドライブするのか　123

1. 本章のねらいと概要　124
2. 都市とは何か　125
   - （1）都市は死にゆくのか？　125
   - （2）空間としての都市の分析：集積の力と都市の形態　126
   - （3）「都市の魅力」の発揮　130
3. 都市の成長とアメニティの集積　131
   - （1）何が都市の成長をもたらすのか？　131
   - （2）創造豊かな人材（Creative Class）の集積　133
   - （3）スター誕生　134
   - （4）ローカルスターとアメニティ　135
   - （5）アメニティの集積　137
4. 人口減少・都市の縮退とアメニティ　139
   - （1）縮退する都市の議論　140
   - （2）多様性を育む都市　141
   - （3）空間が形づくる都市　142
   - （4）世代間の資産移転　144
5. 本章のまとめと政策的示唆　147

第7章 少子高齢化時代のインフラストラクチャー投資と都市の空間構造
都市内住宅立地理論による検討 ……………………………… 151

1. 本章のねらいと概要 *152*
2. 同質な消費者の立地 *152*
   - （1）モデル *153*
   - （2）都市内インフラ投資の影響 *156*
3. 若年層と高齢者の立地 *160*
   - （1）モデル *160*
   - （2）都市内インフラ投資の影響 *162*
4. 少子高齢化の進展と都市内空間構造 *164*
   - （1）モデル *165*
   - （2）都市内インフラ投資に関する示唆 *167*
5. 本章のまとめと政策的示唆 *169*

補論　A．4(1)①：高齢者中心型の都市が地理的に縮小することの論証 *170*

　　　B．4(1)②：高齢者郊外型の都市が地理的に縮小することの論証 *170*

第8章 労働減少社会における社会資本整備
生産性を向上させる地域配分とは ……………………………… 173

1. 本章のねらいと概要 *174*
2. 社会資本の推移 *175*
   - （1）生産年齢人口の減少と生産力への含意 *175*
   - （2）社会資本の推移 *176*
   - （3）朽ちるインフラ *178*
3. 社会資本の生産効果 *179*
   - （1）生産の社会資本弾力性 *179*
   - （2）社会資本の限界生産 *179*

vi

  4．集積の経済と社会資本整備　*183*
   （1）集積の経済　*183*
   （2）集積（都市化）の効果　*184*
   （3）集積の不経済と社会資本整備　*187*
  5．本章のまとめと政策的示唆　*188*

索　引　*195*

序　章

インフラを科学する重要性

　きちんとしたデータや証拠に基づいて，政策のあり方を議論しようという動きが，近年広まってきている。これは，エビデンスベースドポリシー（Evidence Based Policy）等とも呼ばれているもので，単なる印象論だけではなく，客観的なデータに基づいた議論が重視される傾向が出てきたのはとても喜ばしいことだ。しかし，現実には，そのような客観データが収集できない場合も少なくなく，この点が今後政策のあり方を考える上で大きな課題となりつつある。

　道路や鉄道等のインフラの建設や整備・修繕についても，そのような客観的な数値に基づいて，望ましいあり方が決定されていくべきだが，やはりデータをどうやって集め，どう評価するかが大きな課題となっている。

　インフラの効果を考える場合に，より話が複雑になるのは，どこまでをインフラの効果・影響ととらえるかが難しく，それをデータとして把握し，正しく効果を測定しようとすると，さらに難易度が上がってしまうことだ。

　しかしながら，どの程度のインフラ投資，インフラ整備をするべきかを，きちんと科学的に論じていくためには，難しくともこのような厳密な検討は避けて通れない。たとえ，不十分であっても検証を積み重ね，より詳細なデータを集めて，より望ましい形での分析を行っていくしか方法はない。

　本書で展開されているのは，研究者それぞれによる，そのようなチャレンジの足跡である。それはクリック一つで，たちどころに分析結果が出てきて，評価が出るような単純な作業ではない。一つの論文が魔法のように，すべての効果を導出できるような解を導いてくれるわけでもない。

　それぞれのデータに真摯に向き合い，一つひとつの問題を地道に解きほぐしていくこと，その積み重ねによってはじめて，インフラがどのような経済効果をもたらすのか，その実態が浮かび上がってくる。

インフラの波及効果をどこまでとらえるのか

　インフラの効果をとらえることの難しさを，簡単な例を使って考えてみよう。たとえば，船しか輸送手段がなかった島に橋がかかり，その結果，車での移動が可能になったとしよう。この場合，単純に考えると，橋を通ることになった人や車がどの程度あったのかを定量的に測れば，橋が与えた効果が検証できるようにみえる。

　しかし，議論はそれほど単純ではない。まず，それ以前も船で移動していた人がいたはずなので，その人達が橋を使うようになっただけだとしたら，橋の効果はかなり限定的なものだろう。したがって，船だけが移動手段だったときとの差をみることがまず必要になる。あるいは，船で移動していた人にとっても，橋を使う方が短時間で移動できるようになったとすれば，その点はメリットとして計上することができる。

　次に，たとえより多くの人が移動するようになったとしても，それが橋のせいかどうかを厳密に検討する必要がある。たとえば，極端な例としては，その島で大きなイベントがありそのために移動人数の増加が起きていたのだとしたら，それは橋ができた効果とは呼べなくなる。よって，そのような要因がなかったかどうかもチェックし，真に橋ができたことによって起きた効果かどうかを調べる必要がある。

　また，人がどの程度移動するようになったかが把握できただけでは，効果を測定したことにはならない。単純に移動できるようになったというだけではなく，その結果，たとえば集積のメリットができ，経済活動が活発になったとすれば，その点をインフラの効果として計測するべきだろう。しかし，現実には橋の建設以外にも多くのイベントが起きているはずだ。経済を活性化させるような政策やイベントも生じている可能性がある。したがって，それらの影響と橋というインフラによる影響を峻別する必要がある。

　さらには，多方面に広がり得る間接効果をどこまでチェックすることが適当かという課題もある。たとえば，橋ができたことによって人が島に集まり，その結果，思いがけない新しいアイディアが出てきて，そこから新ビジネスがスタートしたとすれば，それは橋の効果に違いない。けれども，その新しいビジネスがその島ではなく，まったく違う場所でスタートしていたとすれば，その

影響を把握することはかなり困難になる。間接的な効果をより幅広く拾おうとすればするほど，インフラの建設以外の影響を相当拾ってしまうリスクも抱える。

このようにインフラの効果を厳密に検討するためには，考えるべきポイントが多くあり，それらを丁寧に吟味していく必要がある。以下では，各章でどのような検討がなされているかという点を中心に，この点をもう少し掘り下げていくことにしよう。

各章の視点

一つのポイントは，上でも述べたように，どの程度の波及効果が集積によって得られたのかを検証することだ。これについては，Wider Economic Impacts（広義の経済効果）という形で，主に英国で議論が進んできた。第1章では，この点を日本に当てはめて検討している。とくに交通系のインフラについては，人がそれによって必要な場所に移動することができるようになった，あるいは移動コストが節約できるようになったという効果だけではなく，その間接的効果も見逃すことができないと考えられる。

たとえば，移動が可能になったことによって，それまで共同作業ができなかった二人が同じ場所に集まって作業することが可能になれば，今までできなかった生産を可能にしたり，研究開発投資を可能にしたりする等の効果があるかもしれない。

そうであるならば，集積を促すような交通インフラのインパクトは，集積のメリットも織り込んだものである必要がある。ただし，どのようにして集積のメリットの大きさを測るのかはまた別の課題である。

また，交通インフラの整備が必ずしも，集積のメリットのみをもたらすとは限らない。B地域からA地域に早く便利に行けるような交通インフラができたとしよう。その結果，B地域の住民は今まで行っていたC地域に行かず，A地域に行くようになったという可能性もある。そうなると実は，C地域の集積のメリットを落としている可能性もある。また，交通インフラが充実していると，たとえばA地域に住まなくても，B地域に住んでいても大丈夫ということになる可能性もあり，活動面では集積しても居住面では分散して住んでしま

い，過疎化に歯止めがかからないといった現象を生み出す可能性も考えられる。

したがって，交通インフラが整備されれば自動的に集積のメリットが追加的に発生すると単純に考えることはできず，どのような集積が経済全体で起きるのか，あるいは起きなくなるのかをきちんと考えることが必要になる。Wider Economic Impacts はこれらの分析をする上で役に立つ分析手法であることが第1章で説明されている。

集積のメリットには，単純に人が集まって作業しやすくなる等の影響だけではなく，もっと間接的な波及効果が発生している可能性がある。この点を検討したのが，第2章だ。たとえば，人の移動が活発になると，単純に共同作業ができるようになるだけではなく，多様な人と議論する機会が増え，結果として多くの知的財産が生まれるようになるかもしれない。どのようにして知的財産が生まれるようになるかが不明確でも，結果としてそのような因果関係が観察されるのであれば，それは注視して検討すべき波及効果に違いない。第2章はこの点を新幹線が開通したことによって，企業間ネットワークがどのように変化するのかを実証的に明らかにしている。

新幹線が開通することによって，今までよりも地域間移動がスピーディーにできるようになる。その結果，企業間の活動にどのような影響ができるのか。知的財産が生まれやすくなったのかを分析している。

さらに具体的なケースでみると，インフラが集積効果に対してどのようなインパクトを持っているのかが明らかになる。第3章では東日本大震災という不幸な出来事によって断絶してしまった高速道路網が，企業間の取引や企業業績にどのような影響を与えたのかを，厳密な形で分析している。東日本大震災というイベントを分析に利用しているのには，大きな理由がある。それは，通常ではインフラに関する因果関係を分析するのが困難だからだ。

たとえばインフラが整備されている地域ほど経済が成長していたり活性化していたりするデータをみると，やはりインフラが経済にプラスに働いているのだと，通常考えてしまいがちだ。しかし，これはやや短絡的な判断だ。なぜなら，経済が活性化している地域だから，インフラが整備されたという，逆の因

果関係を示している場合もあるからだ。

　このように，通常，相関関係があるとみられる二つの事象でも，その二つの因果関係を明確に示すことはなかなか難しく，この点が実証分析の難しさの一つになっている。しかし，震災のようなイベント，より正確には震災によって発生したインフラの分断は，外生的に起きたことなので，経済が不活発になったからインフラが中断したという因果関係は無視して考えることができる。その結果，インフラの影響を，因果関係のレベルで説明することが可能になっている。

　第4章も，そのような具体的事象に迫ったものだ。新東名高速道路の開通により，具体的に経済にどのようなインパクトがあったのかを，事業所レベルのデータにまでさかのぼって明らかにしている。通常，高速道路のようなインフラができれば，それは多少なりとも経済全体にプラスになるだろうと考えがちだ。

　しかし，全国や都道府県レベルの集計されたマクロデータだけでは，それがそのインフラ整備による純粋な効果なのかといった点が不明確だし，個々の企業や個人などのミクロな経済主体に対して具体的にどのような効果をもたらしたのかを明確に把握することも難しい。事業所レベルのデータを確認し，分析することは容易なことではないが，それによって，インフラ整備が個々の事業所の経済活動に与える影響を定量的に測ることが可能になった。

　その結果，静岡県では新東名高速道路沿線のみならず東名高速道路沿線に立地する事業所の生産性も向上するなど広域的な効果が確認されること，そして，新東名高速道路沿線に立地する事業所の輸出可能性も高まっていることなど，かなり詳細な結果が明らかになった。

　第5章も広い意味では波及効果を計測しようとする試みだが，前の二つの章とはアプローチが異なっている。前の二章は，どのような経路でどんな風に波及効果が働いていたのかを，個別具体的に把握しようとしていた。それに対して，第5章では，今までよりも精緻な一般均衡分析によって，経済全体に与える波及効果を把握しようとしている。このような分析のメリットは，分析者が想定していなかったような間接的波及効果を結果的に把握できるという点にある。

この章で説明されているSCGE分析というのは，単純な一般均衡分析ではなく，より空間的な広がりを意識したものになっており，地域をまたぐインフラの影響を分析したりインフラ整備がそれぞれの地域に与える影響を分析したりすることができる．第5章では，SCGEモデルを詳細な地域に適用することによって，かなり詳細な財・サービスの取引関係が表現可能になること，そしてそれによって，地域別産業別の生産額変化をかなりの高精度で予測することが可能となっていることが示されている．

　第6章では，少し視点を変えて都市に関する分析が行われている．都市は集積の結果でもあり，集積の原因でもある．今後のインフラを考える上では，今後の都市のあり方の検討は欠かせない．そして，都市がどのような面の集積のメリットを作り出しているのかを分析することは，今後の都市のあり方を考える上で重要である．

　この章では，近年の都市に関する研究を概観するとともに，都市の成長や集積のあり方に変化がみられることを明らかにしている．以前は雇用の拠点への通勤という側面が都市の集積をもたらす上で，大きな役割を果たしてきた．しかし，近年はスポーツや音楽等の文化的な活動，広い意味でのアメニティと呼ばれるものが都市の集積のメカニズムに大きな影響を与えることが明らかになっている．この点は通勤を中心に考えられてきた都市交通インフラに対して，新たな視点を導入するものであり，今後の都市インフラのあり方を考える上で重要なものだろう．

　それに関連して，第7章では都市内インフラの整備が都市に与える影響を，理論的に分析検討している．都市内のインフラがどの程度整備されているかは，都市の集積のメリットを大きく左右する．当然のごとく，インフラがより整備されれば，都市はより集積のメリットを得やすくなるだろうと考えがちだ．

　しかし，現実には，都市内のインフラ整備が一つの地域でだけ行われるのか，すべての地域で同じように行われるのかでは結果が異なるというのが，まず大きなポイントだ．どうしても分析は一つの都市に限って行われることが多いため，都市間の連携構造は見落とされがちだ．しかし他の地域がどのような政策をとるのかは，当然重要なファクターであり，それによって政策の効果も大きく異なったものになる．また，都市の人口構成が変化すれば，都市内インフラ

の整備のあり方についても大きな影響が出ることを明らかにし，少子高齢化が都市にもたらす影響も検討している。

　第8章では，さらにもっとマクロ的な視点から，少子高齢化が進む中でのインフラ整備のあり方を検討している。日本は労働力が減少するとともに，インフラの老朽化が進むため，二重の意味で経済にマイナスの影響が発生する可能性があると主張される。そして，インフラが生産性に与える影響に関する近年の実証結果を踏まえると，都市部の方がインフラの生産性が高いことが示される。

　この生産性の高さは，前の章でも議論された都市の集積の経済と関係があるとして，都市部で集積の経済が発生する理由についての詳細な検討や，集積の経済の実態に関する実証分析が紹介されている。そして，それらの結果を踏まえて，都市部の集積の経済をより生かす形で，都市部のインフラを集中的に整備していくことが経済全体の生産性を高める上で有効だという議論が展開されている。

（柳川　範之）

第1部

インフラの「非伝統的」波及効果

第 1 章

インフラの経済効果をより広義にとらえる

Wider Economic Impacts からみた集積の重要性

[本章のねらい]

現在英国を中心に Wider Economic Impacts（「広義の経済効果」と呼ぶ）という，交通関連投資が生産性に与える影響を評価する試みが行われつつある。

この新しい政策技術を紹介するとともに日本に対する示唆を整理する。

[本章を通じてわかったこと]

広義の経済効果の評価は，正確なプロジェクト評価の実現という意味を持つ。

それのみならず，人口減少，少子高齢化時代の日本のインフラ政策の基本思想であるコンパクト＆ネットワークの理論的な支柱になる可能性がある。

[政策的な示唆・メッセージ]

都市の形成メカニズムは，集積自体が集積を呼ぶ都市化の経済が主流となった。集積を制御する手段として，都市計画的な手段のほか，交通関連投資を用いる場合に，広義の経済効果による評価が積極的に活用される必要がある。

1 本章のねらいと概要

　1990年代から2000年代にかけて，日本の公共事業が過大な水準にあるという議論が大きく取り上げられた．一方でインフラの整備水準や，管理レベルが低下することで，日本の生産性が低下するという主張も行われた．このような議論は日本のみならず，他の先進国でも同じように行われている．

　一般的にこのような議論は，一国の政府固定資産形成のレベルがGDPに比べてどのような水準にあるのかという点を中心に行われてきた．当然にどの程度のインフラを整備することが日本の経済成長に必要であり，どの程度のインフラストックが維持可能なのかという点は，非常に重要な問題である．とくに人口減少，少子高齢化で潜在成長率が低下しつつある日本にとって，一国全体の生産性を維持，上昇させることは喫緊の課題であろう．

　しかし，国民にとってより重要な問題は，個々のプロジェクトがその費用に見合うだけの経済厚生の上昇を住民にもたらすのか，地域の活性化，長期的な意味で地域の生産性の向上をもたらしてくれるのかという点であろう．

　たしかにインフラ整備を行う際には，基本的に費用便益分析のような事前評価が行われることになっている．これを個々に積み上げていけば少なくとも「無駄な投資」は起こらないだろうし，当初の選択肢の提示が適切であれば，「優先順位を誤る」ことによって発生する損失も免れるはずである．しかし，これまで個々の事業評価において，生産性に対する影響を明示的に評価することは行われてこなかった．

　現在英国を中心にWider Economic Impacts（「広義の経済効果」と呼ぶ）という，交通関連投資が生産性に与える影響を明示的に評価する試みが行われつつある．この広義の経済効果の評価は，正確なプロジェクト評価を実現するという以上に，人口減少，少子高齢化時代の日本のインフラ政策に重要な示唆を与える可能性が高い．本稿では第2節でこの広義の経済効果についての解説を行い，第3節でそれが何を評価しようとしているのかを説明する．第4節では日本のインフラ政策にとっての示唆を整理することとする．第5節はまとめである．

2 広義の経済効果とは何か？

　ここでは Department for Transport（以下「DfT」と呼ぶ）[2005] に従って，広義の経済効果がどのような考え方に沿って評価されているのかを解説する。

（1）広義の経済便益の評価の考え方

　交通関連投資（たとえば道路など）の事業評価では，直接便益を中心に便益評価を行ってきた。つまり道路を整備することで，それを利用する家計や企業が，どの程度の移動時間を節約できるかを貨幣化して評価してきた。DfT [2005] では，従来の事業評価では反映されなかった広義の経済便益として以下のものを挙げている。

① agglomeration externality（「集積の経済」という）
② impact of transport in improving competition（「競争促進効果」という）
③ impact from the presence of imperfect competition in transport-using industries（「不完全競争市場における生産拡大効果」という）
④ the economic benefit of increased employment and productivity, arising from commuting time savings（「雇用改善に伴う経済便益」という）

　実際に Crossrail と呼ばれるロンドンの都市鉄道整備の評価においては，以上の広義の経済便益が評価され，

従来の時間節約効果	12,832£m
集積の経済	3,094£m
競争促進効果	0£m
不完全競争市場における生産拡大効果	485£m
雇用改善に伴う経済便益	3,580£m

という結果を得ている。それではこのような評価は，具体的にどのようにして行われているのだろうか。以下では広義の経済効果の4類型に従って簡単な説明を行う。ただし，インフラ政策に対する示唆を主に議論するため，インフラ

政策としての制御可能性を勘案して,「①集積の経済」を中心に解説する。

(2) 広義の経済便益の各項目の評価手法
① 集積の経済（WB1）

交通関連投資が,労働力や企業の集積を実態上促進しており,集積の経済により生産性の上昇をもたらしているとするものである。

図表1-1に三つの地域に囲まれている都心のイメージを描いている。三角形は地域を,その色の濃淡は雇用者数を示すものと考えてほしい。都心部の生産性は雇用者の密度が高いと考えられている[1]。雇用者密度が高いほど,インフラ等共通で使用するものの負担は低くなるし,フェイスツーフェイスコミュニケーションを通じたイノベーションなども促進される。このため都心1よりも雇用者数の多い,つまり雇用者密度が高い都心2の方が生産性が高くなる。しかし,実際に都心の雇用者数を増やさなくても,交通インフラでネットワー

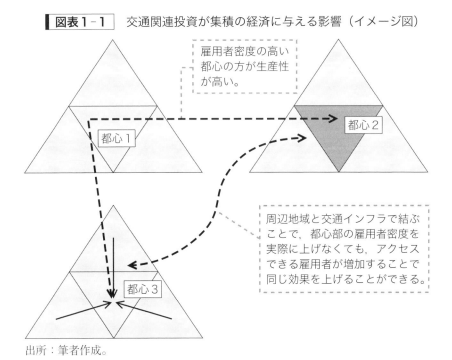

図表1-1 交通関連投資が集積の経済に与える影響（イメージ図）

雇用者密度の高い都心の方が生産性が高い。

周辺地域と交通インフラで結ぶことで,都心部の雇用者密度を実際に上げなくても,アクセスできる雇用者が増加することで同じ効果を上げることができる。

出所：筆者作成。

ク化することで，実態上の雇用者密度を上げることができる．そのイメージを都心3として示している．

集積の経済はこの効果を評価したものと位置づけることができる．都心3のイメージで描かれたような交通関連投資の実施によって，実態上の雇用者密度（実効集積）がどの程度上がるのかを計測し，産業ごと，地域ごとに異なる，一単位の実効集積が生産性の向上に結び付く程度を表すパラメータ（集積の弾力性）を乗じる．これにより，交通関連投資が集積を促進することを通じて与える生産性への影響を計測しようとしている．

集積の経済（WB1）の具体的評価方法

集積の経済（WB1）の評価は，以下のようにして評価される（DfT [2005]）．

$$WB1 = \sum_{i,j}\left[\left(EIP_{ij} \times \frac{\Delta ED_j}{ED_j}\right) \times GDP_{ij} \times E_{ij}\right] \quad (1)$$

EIP_{ij}：j 地域，i 産業の生産の実効集積（effective density）に関する弾力性
ED_j：j 地域の実効集積
GDP_{ij}：j 地域，i 産業の雇用者一人当たり GDP
E_{ij}：j 地域，i 産業の雇用者

このうち生産に関する集積の弾力性については，既存研究で0.04～0.11の幅をもった評価が行われているが，英国において地域別，産業別に計測した Graham [2005] のパラメータを使用している．Graham [2005] においては，売上，資本ストック，労働者数のデータを含む企業の個票データを使って実証分析を実施している．

なお，実効集積は以下のように定義されている．

$$ED_j = \frac{E_j}{\sqrt{A_j/\pi}} + \sum_{k}^{j \neq k}\left(\frac{E_k}{d_{jk}}\right) \quad (2)$$

E_j：j 地域における雇用量　A_j：j 地域の面積
d_{jk}：j 地域と k 地域の距離(注)
(注)　現在は一般化費用によってウェイト付けされている．

② 競争促進効果（WB2）

交通環境の改善が新規参入を促し，経済厚生の向上につながるという趣旨のものだが，英国のように均質で稠密な人口分布，整備されたインフラがある国では，測定の対象としていない。

③ 不完全競争市場における生産拡大効果（WB3）

高すぎる価格設定，過小な生産量がもたらされている，不完全競争市場においては，交通費用の低下に伴う生産量の拡大，価格低下それ自体が，節約交通費用以外の便益をもたらすというものである。第3節で詳述するが，不完全競争市場で交通関連投資による費用低下が起こった場合，過小な生産が部分的に修正されることを通じた経済厚生の増大を計測しようとしたものである。

④ 雇用改善に伴う経済便益（WB4）

④-1 効率賃金の変化に伴う雇用増加（GP1）

交通費用が低下することは，実質的に効率賃金が上昇したことと同じ効果を持つため，雇用を増加させる効果を計測しようとしたものである。

④-2 現在の仕事の長時間化効果（GP2）

節約交通時間が労働時間に分配される効果である。しかし，労働時間は賃金についてあまり感応的ではないというエビデンスから，これは0としている。

④-3 より生産的な仕事への再配置効果（GP3）

対象となる仕事の選択肢が広がることから，より生産的な仕事に労働者が再配置される効果を計測しようとしたものである。

（3）広義の経済効果の評価システム

前小節で解説したような広義の経済効果の評価は，これまでに伝統的に行われてきた直接便益の評価に単純に上乗せされる形で行われているのであろうか。また，すべての交通関連投資に関して，そのような上乗せが行われるのであろうか。以下に解説するが，広義の経済効果の測定は，インフラの事前評価のさまざまな要因を評価する総合化のアプローチの一環として行われている。またその計測の精度は，直接便益に比較して必ずしも高いものではなく，さらに計

第1章　インフラの経済効果をより広義にとらえる　17

図表1-2　総合的な評価システムの中の広義の経済効果

Economy	使用者および社会全体に対する経済的な影響
Environment	騒音，大気，温暖化ガス，景観などへの影響
Social	交通事故や生活環境への全般的な影響
Public Accounts	交通関係全体の会計への影響等

the Strategic case	提案されているプロジェクトの合理性や戦略性の観点
the Economic case	提案されているプロジェクトが納税者の立場から合理的なものかという，Value for Moneyを検証する観点
the Financial case	提案されているプロジェクトの資金計画や資金調達の現実性，会計的な観点
the Delivery case	プロジェクトの実行可能性，リスクマネジメント，ステークホルダーの参加などの観点
the Commercial case	提案に含まれる商取引のリスク，リスク分担，移転などの執行における問題処理の観点

1. Initial BCR and the AMCB Table	交通インフラの利用者に発生する直接便益（時間節約効果）などを貨幣化した評価
2. Adjusted BCR	広義の経済効果など「貨幣化が可能な影響」を加えた評価
3. VFM Category	貨幣化になじまない項目を考慮した定性的，定量的評価
4. VFM Statement	便益vsコストの総合評価，リスクや感度分析による評価

Poor VFM	:BCR＜1.0
Low VFM	1.0≦BCR＜1.5
Medium VFM	1.5≦BCR＜2.0
High VFM	2.0≦BCR＜4.0
Very High VFM	4.0≦BCR

出所：DfT［2014a］，DfT［2014b］，DfT［2014c］より筆者作成。

測のためのコストも比較的高い。このため，対象プロジェクトなども限定されている。

以下においては，DfT［2014a］，DfT［2014b］，DfT［2014c］に従って，評価の全体像の解説を行う。図表1-2の最上段部分に分類されているように，

交通関連投資の評価は，経済的な評価のみならず，環境的な側面，社会的な側面，公会計全体への影響を勘案して行われるべきものとされている。
　その上で，経済的な評価について，下記の五つの点からの評価が行われなければならないものとしている。

- the Strategic case：提案されているプロジェクトの合理性や戦略性の観点
- the Economic case：提案されているプロジェクトが納税者の立場から合理的なものかという，Value for Money（VFM）を検証する観点
- the Financial case：提案されているプロジェクトの資金計画や資金調達の現実性，会計的な観点
- the Delivery case：プロジェクトの実行可能性，リスクマネジメント，ステークホルダーの参加などの観点
- the Commercial case：提案に含まれる商取引のリスク，リスク分担，移転などの執行における問題処理の観点

　本稿で取り扱っている広義の経済効果は，この the Economic case の主要な評価方法である費用便益分析を構成する一つの要素として位置づけられている。それではこの VFM を検討するプロセスについて解説を加えよう。
　まず，VFM の評価の対象となるインパクトは，貨幣化のしやすさ，その信頼性から，「貨幣化する項目」，「貨幣化が可能な項目」，「貨幣化されない項目」に分類される。伝統的な交通関連投資の便益として扱われてきた時間節約効果は，「貨幣化する項目」に属し，本稿が対象としている広義の経済効果は「貨幣化が可能な項目」として扱われている。
　この分類に従って，以下の四つの段階を踏んで VFM の評価が行われる。
　最初に「貨幣化する項目」に関して，それぞれの貨幣化された値を加えて便益を算出し，そのコストとの比を算出した Initial BCR（Benefit Cost Ratio）と AMCB（Analysis of Monetised Cost and Benefits Table）が作成される。次に，広義の経済効果を含む「貨幣化が可能な項目」を加える形で，Adjusted BCR が加えられ，より広い観点からの評価の材料が揃えられる。さらに第三段階として，「貨幣化されない項目」を中心に量的，質的な情報が加えられる。

図表1-3 FURs (Functional Urban Regions) とは

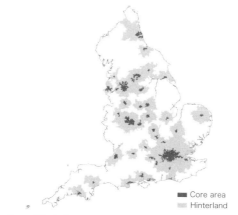

Source: Office for National Statistics, Super OutputArea Boundaries
© Crown copyright 2004. Crown copyright material is reproduced with Permission of the Controller of HMSO
© Crown copyright All rights reserved Department for Transport 100039241 [2009]

出所：DfT [2014c]。

それらを踏まえて最終的に VFM Statement が作成され，VFM の観点からの評価が完成される。

さらに BCR の評価としては，図表1-2最下段の表の通り，その値によってクラス分けされ，大くくりな評価が行われている。足切値など決定的な閾値を設けるようなことはされていない。

また，広義の経済効果は，大きな経済的中心や雇用の中心とのアクセシビリティを向上させるようなプロジェクトにおいては，その計測の意味は大きいと考えられている。このため，DfT は集積の効果が大きいであろう地域を，FURs（Functional Urban Regions）として定義し（図表1-3参照），この地域内のプロジェクトにおける広義の経済効果の評価を推奨している。ただし，FURs に属さないプロジェクトについても，その効果が大きいと考えられる場合には，その計測をするべきだともしている。ただし，FURs をまたぐような都市間プロジェクトについても，広義の経済効果を評価することは否定していない。しかし，その場合は頑健性のチェック（sensitivity test）の実施を求めている。

3 広義の経済効果の理論的位置づけ

(1) 交通関連投資の費用便益分析は，何を測ってきたのか？

　それでは，前節で解説した広義の経済効果は，理論的には何を測っているものと位置づけられるのだろうか[2]。そもそも交通関連投資の便益は基本的には，直接便益を計測すれば足り，広義の経済効果のような間接便益をそれに重ねて計測することは二重計算になるとされてきた。たとえば，図表1-4において，

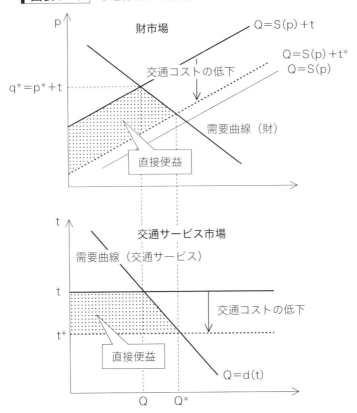

図表1-4 直接便益と間接便益の関係（完全競争市場）

出所：筆者作成。

上図にある財の需要曲線と供給曲線を，下図にその財の生産に必要な交通サービスの需要曲線と，その供給における限界費用を描いている。二つの図とも，横軸は財の生産量をとっている。ここでは交通関連投資を行うことで，下図の限界費用が低下を通じて，上図の供給曲線の下方シフトがもたらされたものとしよう。その結果，下図のドットが付された部分で示されている，交通サービス市場における消費者余剰の増大は，上図の総余剰の増大部分と一致している。

このため，交通サービス市場において計測された直接効果を計測することは，基本的には交通サービスを利用している財市場への影響も含めてすべての便益を測りつくしているものと考えることができる。

（2）直接便益と間接便益の関係（不完全競争市場等）

しかし，上の説明は完全競争市場で成立するものの，不完全競争市場や税によるゆがみが生じているケースにおいては，必ずしも当てはまらない。

たとえば，図表1-5のように，財市場が不完全競争である場合を取り上げる。財の供給者は独占的に行動するため，需要曲線の下方を通る限界収入曲線と限界費用曲線が交差する点で，生産水準を決定する。このため，上図の縦線部分の死荷重が発生している。

ここで，完全競争の時と同様に下図において限界費用の低下が起こったとする（図表1-6）。それを受けて，上図において同様に供給曲線の下方シフトが発生し，その結果新しい供給曲線と限界収入曲線の交点で新しい財の供給水準が決定される。その結果，生じた総余剰は，下図の直接効果と同一のドット部分のみならず，不完全競争に伴う死荷重の解消を含む横線部分が増加することとなる。ただし，このケースにおいては，独占に伴う死荷重が新たに発生している（斜線部分）。このように，不完全競争市場においては，直接効果を超える便益が発生している。

税に伴うゆがみが発生しているケースもまったく同じ文脈で，税がもたらす死荷重の解消を含む厚生水準の増加が生じる。

図表1-5 不完全競争市場とは

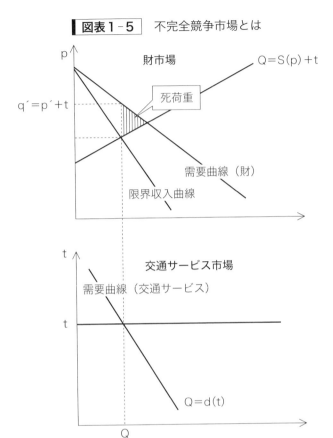

出所：筆者作成。

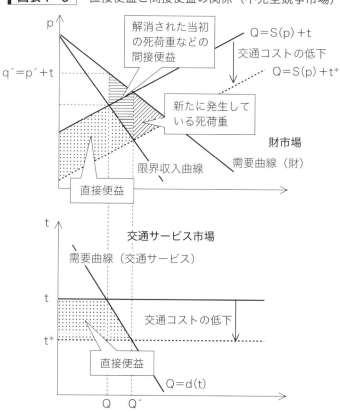

図表1-6 直接便益と間接便益の関係（不完全競争市場）

出所：筆者作成。

（3）直接便益と間接便益の関係（集積の経済）

次に集積の外部効果がある場合を考える。図表1-7aにおいては，交通関連投資が行われる前の都市の均衡が描かれている。都市に住んで，都心で行われる集積の経済を活かした生産活動に従事することによって，非都市の賃金にwage gapだけ上乗せした所得を得ることができるものとする。しかし，都心にアクセスするためには，横軸に示した雇用者の数によって表される都市の規模に応じて上昇する交通費用を支出する必要がある。このため，交通費用とwage gap が交差する X において都市規模が決定される。ここでは，集積の経

図表1-7 直接便益と間接便益の関係（集積の経済）

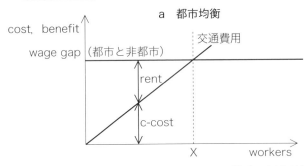

a 都市均衡

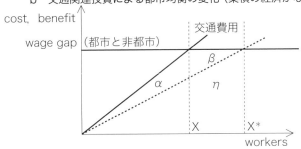

b 交通関連投資による都市均衡の変化（集積の経済がない場合）

c 交通関連投資による都市均衡の変化（集積の経済がある場合）

出所：Venables［2007］より筆者作成。

済が存在しないため都市の規模にかかわらず，wage gap は一定としている。

　ここで交通関連投資が与える影響を，図表1-7bで確認する。交通関連投資は，交通費用曲線を下にシフトさせる。このことによって，都市規模は X^* に拡大する。この場合，交通費用の増加分は $\eta - \alpha$，生産物の増加分は $\beta + \eta$,

後者から前者を差し引くことによって，交通関連投資がもたらす余剰の増大分は $\alpha+\beta$ となる。伝統的に費用便益分析などで計測されてきた，時間節約効果はこの部分を計測したものである。

ここで，wage gap が一定だという仮定をゆるめて，都市規模に応じて wage gap は上昇するものとする。つまり集積の経済を前提とする。この場合交通投資を実施して都市が拡大することにより，δ 分の生産物の増加がもたらされる。

このように，不完全競争市場，税による歪み，集積の経済に伴う外部性などが発生している場合には，交通関連投資に伴う直接便益だけではその投資による便益を計測しきれていないこととなる。

4 広義の経済効果の政策的な位置づけ

（1）間接効果の評価が政策に影響を与える場合とは

これまでに評価されてきた，直接効果に加えて広義の経済効果と呼ばれる間接効果を計測することは，過小評価されていたものの適正化という意味が確かにあるだろう。しかし，「より正確なプロジェクトの評価を行うこと」はどのような政策変更をもたらすのだろうか。

公共事業の実施にあたっては，基本的には，事前に費用便益分析によるチェックが行われている。本稿が対象としている道路投資をはじめとした交通関連投資については，消費者余剰法という手法を用いて，主に直接便益である時間節約効果を計測することで，便益/費用＞1 [3] というコストに見合った便益をもたらす投資であるか，どの投資を優先すべきかなどの評価が行われている。一方，他の公共事業については，再開発等の都市関連投資についてはヘドニック法が，公園整備についてはトラベルコスト法が，治水関連投資については代替法が用いられるなど，異なる部門間で異なる手法の事前の評価が行われている。

しかしそれだけでは少なからぬ便益が漏れていたため，広義の経済効果としてそれを評価することで，「交通関連投資の便益/費用の絶対値が上昇する可能性」がある。しかし，公共事業の異なる部門では，異なる便益の貨幣化手法が

採用されているため,直接異なる部門の便益/費用を比較することはできない。優先度の低い,便益/費用の値が1を下回っていたものに関する限界的なケースを除けば,その絶対値が上がることで,交通関連投資額の総量が増加したり,採用されるプロジェクトに変更がもたらされることはない。

一方,便益/費用の値が交通関連投資の優先順位づけに影響を与えている。広義の経済効果の計測が政策的に意味を持つのは,主にそれが個々の交通関連投資に異なる便益の加算をもたらす場合と考えることができよう。

以下においては,広義の経済効果の計測が,交通関連投資の優先順位にどのような変化をもたらす可能性があるかについて議論する。前述の通り広義の経済効果については,①集積の経済,②競争促進効果,③不完全競争市場における生産拡大効果,④雇用改善に伴う経済効果があるが,交通関連投資の優先順位に与える可能性[4],インフラ政策としての制御可能性[5]を勘案して,①集積の経済に注目した説明を行うこととする。

(2) 大都市圏の生産性の向上

第2節において述べたように集積の経済の計測にあたっては,実効集積の弾力性の設定が大きな影響を及ぼす。実際の広義の経済効果の測定にあたっては,図表1-8のように地域別,産業別の実行集積に関する弾力性が用いられる。つまり,都市の異なる地域の産業集積を反映した評価を行うことができる。

たとえば図表1-9左図のような都市を想定しよう。複数の市町村によって構成されている大都市圏をイメージする。市町村内ではすべての要素がそろっているものの,都市圏全体の機能分担としては図表1-9のような機能分担が,一応成立しているものと設定しよう。この場合,工業,オフィス,住宅,商業機能を担っている地域のそれぞれをネットワーク化する交通関連投資が必要なのは,言を待たない。しかし,財政的な制約もあり,すべてのプロジェクトをすぐに執行するわけにはいかない場合,どのような判断を行えばよいだろうか。

この場合,左図の太い実線で表されているすべての路線で,交通量の予測や時間節約効果が同一である場合には,四つの路線のどれを優先的に実施すべきかについて,費用便益分析という客観的な評価の段階で判断することは困難であろう。しかし,広義の経済効果を事前評価に加えた場合,図表1-8にある

図表1-8　Wider Economic Impacts 計測の際に用いられている集積の弾力性

	East	East Midl.	Lon-don	North East	North West	South East	South West	West Midl.	Yorks. Humb.	Eng-land
Primary industries	−	−	−	−	−	−	−	−	−	0
Light Manufacturing	0.026	0.059	0.047	0.043	0.059	0.001	0.027	0.034	0.061	0.040
Heavy Manufacturing	0.048	0.049	0.075	0.046	0.050	0.052	0.069	0.064	0.043	0.055
Electricity, gas & water	−	−	−	−	−	−	−	−	−	0
Construction	0.072	0.072	0.072	0.072	0.072	0.072	0.072	0.072	0.072	0.072
Distribution, hotels and restaurants	0.044	0.043	0.039	0.041	0.041	0.043	0.040	0.043	0.043	0.042
Transport, storage & communication	0.170	0.193	0.173	0.109	0.171	0.162	0.132	0.167	0.192	0.168
Financial intermediation	0.116	0.116	0.116	0.116	0.116	0.116	0.116	0.116	0.116	0.116
Real estate & business services	0.022	0.015	0.022	0.013	0.017	0.024	0.018	0.018	0.016	0.020
Public admin, Media & other	0.002	0.001	0.014	0.001	0.002	0.002	0.002	0.002	0.001	0.004
All sectors	0.042	0.042	0.051	0.032	0.041	0.041	0.038	0.042	0.042	0.043

出所：DfT［2005］。

図表1-9　大都市の生産性の向上に資する交通インフラ（イメージ）

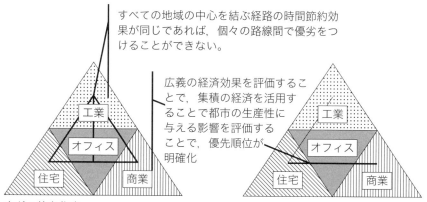

出所：筆者作成。

ように第三次産業の実効集積の弾力性が高いことを反映して、右図で示すように、オフィスや商業機能を有している地域への労働者のアクセシビリティを向上させる路線が、高く評価されることになろう。つまり、時間節約という側面においては同等であっても、広義の経済効果は、都市の生産性の向上に結び付く交通関連投資を、優先的に実施する客観的な材料を提供してくれることになる。これまでは、費用便益分析による評価で差異がつかない複数の路線がある場合、地域振興のビジョンや首長のマニフェストなどの何等かのストーリーに寄せる形で、優先順位を決めざるを得ない場面が想定された。しかし、集積の経済を客観的に評価することで、エビデンスに基づく地域振興ビジョンに沿った交通関連投資が可能となろう。

また、民間都市開発を促進するために、これまでにもさまざまな容積率緩和などの規制緩和措置が採用されてきた。その場合「どこで規制緩和が行われるか」については、民間開発が予定されている場所等、都市全体の視点からはアドホックに決められてきたというのが実情ではないだろうか。集積の経済の客観的な評価を行うことで、ⅰ）既存の交通インフラを与件とすれば、どこで規制緩和を行うことが集積の経済をもたらすか、ⅱ）新しい交通関連投資と規制緩和をどのような組み合わせで実施することが、集積の経済をもたらすのか、を事前に判断することが可能になる。

このように広義の経済効果を導入することは、大都市圏の生産性を引き上げるインフラ政策にとって、不可欠な措置と考えられる。

（3）都市のコンパクト化の推進

次に、地方都市に目を向けてみよう。現在人口減少や少子高齢化の本格的な進行に悩まされている地方都市では、都市のコンパクト化が大きな政策課題となっている。

図表1-10の左上に、高度成長期、バブル期などに大きく広がった市街地のイメージが描かれている。四つの居住機能、オフィス機能、商業機能などをそれぞれ備えた四つの市町村またはコミュニティによって構成される空間に、都市が広がっていることが示されている。この都市が、すでに人口減少、少子高齢化の進展に直面しているために、財政的に持続可能な規模への縮退を迫られ

第1章　インフラの経済効果をより広義にとらえる　29

図表1-10　効率的な都市のコンパクト化に資する交通インフラ（イメージ）

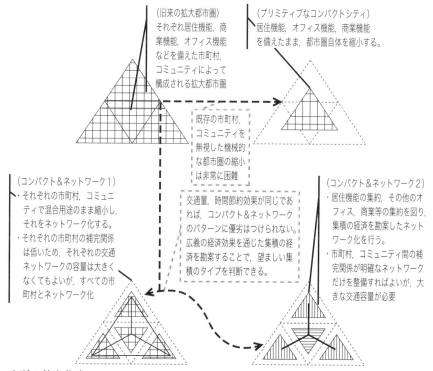

出所：筆者作成。

ているとしよう。

　右上にこの都市圏がその形状を保存して，同じ中心に向けて秩序だった縮退を行っているイメージが描かれている。プリミティブなコンパクトシティのイメージは，このようなものではないだろうか。しかし，縁辺部に居住する者がすべて移転を迫られるなど，このような形のコンパクトシティの実現には，非常に大きなコストがかかることが予想されている。

　現実的なコンパクトシティのあり方とは，富山市が掲げる「団子と串」の都市イメージのように，コミュニティベースで複数の核を持つ都市のコンパクト化であろう。その一つのイメージが，左下に「コンパクト＆ネットワーク１」として描かれている。ここでは，複数のコミュニティが居住機能，オフィス機

能，商業機能などを抱えたまま縮退するケースが描かれている。それぞれの核はネットワークで結ばれているが，それぞれの核はフルセットに近い機能を抱えており，弱い補完関係にしかないため，ネットワーク化するとしてもあまり大きな交通容量をさばく必要はない。ただし，明確な機能分担がないため，すべてのコミュニティ間を結ぶネットワークが整備されている。

一方，右下に「コンパクト＆ネットワーク2」として描かれているのは，中心のコミュニティにオフィス機能，商業機能を集約して，その他のコミュニティに居住機能を配置する都市イメージを描いている。この場合，都心にオフィスや商業の高度な集積が形成されるため，美術館などのバラエティに富んだインフラが維持可能になったり，生産性の高いビジネス街が形成されることとなる。また，それぞれの核間の役割分担が明確になるため，すべてのコミュニティ間を結ぶ交通関連投資を行う必要はないものの，核を結ぶ交通インフラは大量の容量をさばけるものである必要がある。

左下，右下の都市イメージで発生する交通容量が同じで，時間節約効果も同じだとすれば，二つのコンパクト＆ネットワーク政策の優劣を比較することはできない。しかし，巨大なインフラのコストをシェアリングできて，バラエティに富んだ企業と労働者のマッチングを可能とし，多数の人のフェイスツーフェイスコミュニケーションを通じた情報スピルオーバーを実現できるのは，明らかに右下のコンパクト＆ネットワーク2のパターンである。集積の経済に代表される広義の経済効果を測定することではじめて，生産性の高い都市のコンパクト化政策を採用し，それに必要な交通関連投資を行うことが可能となる。

5 本章のまとめと政策的示唆

広義の経済効果の評価は，これまでに評価されていない便益を加算する形で評価するものであるため，「交通関連投資の便益評価を上げる」ために導入をしたいという動機が生じる可能性がある。しかし，このこと自体は交通関連投資に配分される政策資源が，異なる分野間の費用便益比で決定されていない現状を鑑みれば，費用便益比の絶対値を上げるような試みは意味がない。

われわれが学ぶべきは，広義の経済評価の評価技術のみならず，その用いら

れ方であろう。第2節で解説したように，非常に広い要素を加味した総合的な評価の一つのパーツとして，それは位置づけられている。これまで費用便益比以外の要素に関する評価，たとえば地域経済の活性化等の要素は，地域のビジョンや首長の公約などが評価体系に持ち込まれることが実態ではなかっただろうか。広義の経済評価とは，そのような地域政策や都市政策などとの関連性を科学的評価として，評価体系に持ち込んでいるという点は注目すべきだろう。

その点について，もう少し視点を広げて議論をしよう。都市形成のメカニズムとして，輸送費用の存在，規模の経済が主流であった時代は，重厚長大産業がリーディング産業であった時代と重なる。その時代には，港湾，インターチェンジ，空港などの交通インフラを整備することで，輸送費用を最小にする立地点を公的部門が制御できる形で特定化し，その後は規模の経済を利用して自律的に都市が形成されていくというメカニズムを機能させることができた。1980年代までの地域産業政策がある程度機能したのは，そのような背景がある。

しかし，第3次産業がリーディング産業となった今や，都市の形成メカニズムは，集積自体が集積を呼ぶ都市化の経済が主流となった。この場合，地域政策や都市政策は，どのような集積を生み出すことができるかという点が最も重要なポイントとなろう。そのような場合，集積を制御する手段として，都市計画的な手段のほか，交通関連投資も等しく重要であろう。そのような機能を交通関連投資に担わせるためには，広義の経済効果の評価の導入を，慎重に，それでいて積極的に進めることが必要ではないか。

［謝辞］
　本稿の作成にあたって，敬愛大学経済学部根本敏則教授，㈱公共計画研究所の今西芳一氏，大瀧逸朗氏に多大なご協力を頂いた。深く感謝申し上げる。

▶注
1　Venables［2007］，NERA［2002］，八田・唐渡［1999］。
2　広義の経済効果の経済理論上の位置づけについては，金本［2013］が厳密な議論を行っている。
3　絶対的な基準として採用されているわけではないが，本稿では一定の目安になっているものとして扱う。

4 ⅱ) 競争促進効果は計測されておらず，またⅲ) 不完全競争市場における生産拡大効果は，地域間，プロジェクト間で大きな相違が出にくい項目となっている。
5 ⅳ) 雇用改善に伴う経済効果は，労働者の配置に関する将来予測という不確実な要素を含む項目であることに加え，労働政策に大きく左右されるものであるため，インフラ政策およびそれと密接関連した都市政策による制御可能性が高いものとしてⅰ) 集積の経済に注目した説明を行う。

▶参考文献

金本良嗣［2013］「集積の経済と交通投資の幅広い便益」『集積の経済を考慮した都市，交通分析―政策分析への応用』公益社団法人交通政策研究会，pp.1-27。

八田達夫・唐渡広志［1999］「都心のオフィス賃料と集積の利益」『季刊　住宅土地経済』1999年秋号，pp.10-17。

Department for Transport [2005] "Transport, Wider Economic Benefits, and Impacts on GDP." Discussion Paper.

Department for Transport [2014a] "Transport Analysis Guidance: Guidance for the Senior Responsible Officer".

Department for Transport [2014b] "Transport Analysis Guidance (TAG) Unit A1.1, (Cost Benefit Analysis), Value for Money Assessment: Advice Note for Local Transport Decision Makers".

Department for Transport [2014c] "Transport Analysis Guidance (TAG) Unit A2.1 (Wider Impacts)".

Graham, D. J. [2005] "Wider Economic Benefits of Transport Improvements: Link between Agglomeration and Productivity, Stage 2 Report", Department for Transport.

NERA [2002] "Estimating Regional Wage Relativities for England: A Report for the South East Area Cost Adjustment Group & Association of London Government".

Venables, A. J. [2007] "Evaluation Urban Transport Improvements: Cost-Benefit Analysis in the Presence of Agglomeration and Income Taxation." *Journal of Transport Economics and Policy*, Vol. 41, pp.173-188.

（中川　雅之）

第2章

企業間ネットワークから考える交通インフラの効果

ヒトの移動と地理空間の重要性

[本章のねらい]
　交通インフラとして，ヒトの移動を容易にする新幹線開通の効果を分析し，企業間取引や知識生産活動に関わる企業間ネットワークの観点から考察する。

[本章を通じてわかったこと]
　新幹線開通により企業間ネットワークが変化し，企業業績向上につながる。
　企業業績の変化は企業間ネットワークにより間接的な取引先まで波及し，また，多くの企業が間接的につながるため，地理的に離れた地域の企業へも波及し得る。

[政策的な示唆・メッセージ]
　地域間格差が進行する中，域外の成長を取り込むための企業間ネットワーク構築が重要である。交通インフラは企業間ネットワーク構築を活発化させるが，副次的効果への配慮も必要である。

1 本章のねらいと概要

　本章では交通インフラの効果について，企業間ネットワークの観点から考えたい。まず，企業間ネットワークの観点がなぜ重要であるのかについて学術的な背景から整理しよう。交通インフラは異なる地域間のヒトおよびモノの移動を容易にするが，経済学において，このような地理空間の問題を正面から取り扱う学問が「空間経済学」である。「空間経済学」は経済活動がなぜ地理的に偏るのかを明らかにする学問であり，経済活動の集積を促す「集積力」と集積を妨げる「発散力」の起源が議論されている。

　「集積力」の起源は，Marshall［1920］以来指摘されているように，取引コストの節約，知識波及，労働者のプーリング[1]などの集積の外部経済を求めることにある。そして，この取引コストの節約と知識波及の要因はともに企業間ネットワークの地理的な性質と密接に関わっている。まず，企業間の取引ネットワークを構築，維持するには取引コストがかかる。取引コストには，輸送費用といった物理的にモノを動かすための費用だけでなく，取引先のサーチコストや契約のコストなどさまざまな形が存在する。企業が近接して立地することにより，ヒトが頻繁に行き来できるようになり，それらの取引コストは引き下げられるのである。また，地理的に近いことで，さまざまな会合などでヒトが出会いやすくなり，そのようなヒトとヒトのつながりにより，技術に関する情報も流れることとなる。そして，組織間の共同研究開発などのフォーマルな関係も構築され得るであろう。取引コストの節約と知識波及といった集積のメリットは企業間ネットワークが地理的に近い企業と構築しやすいという形で表れるのである。言い換えれば，地理的に遠くに立地する企業と企業間ネットワークを構築しにくく，地理的な障壁（フリクション）があると言える。

　個々の企業は集積のメリットを得て，企業パフォーマンスの向上につながる一方で，集積のデメリットとして，地代の上昇などがある[2]。この集積を妨げる「発散力」により企業は地理的に離れて立地することを選択するため，集積のメリットは限定的になる。そのため，政策的には，個々の企業がより集積のメリットを享受し，経済全体の生産性を上げるための対策がとられてきた。た

とえば,「クラスター政策」は企業の集積を促すための政策であり,企業間ネットワークの構築を活発にし,イノベーションを促すことが重要な目的であった。そして,交通インフラの整備も同様の効果をもたらすと考えられる。交通インフラによって,「発散力」により地理的に離れて立地することとなった経済主体間のネットワーク構築の地理的フリクションを下げることが可能である。集積のメリットと同様の効果をもたらすのである。たとえば,都市と都市を結ぶ交通インフラにより,仮想的に隣接した都市の性質を持ち得る。現在建設中の東京と大阪を結ぶリニア中央新幹線の開通によって,1時間程度で大都市間の移動が可能となり,仮想的な巨大都市が実現されるかもしれない。

　以上のように,交通インフラは企業間ネットワークの構築コストを削減し,両者の間には密接な関係があることがわかる。それでは,企業間ネットワークのあり様は日本経済にどのような効果をもたらすのであろうか。近年,「空間経済学」の枠組みだけでなく,さまざまな経済学の枠組みから企業間ネットワークを理解しようという研究が活発に行われており,筆者自身もこの分野の研究に関わってきている。次節以降,筆者の研究成果に加えて,関連する既存研究を紹介しながら,交通インフラへのインプリケーションを示していきたい。

　本章の構成は以下の通りである。まず,次節では,経済活動全体の地理的な偏り,知識生産活動の地理的な偏りを示し,集積度合いの違いからヒトの移動[3]の重要性を議論する。第3節では,企業間取引や知識生産活動[4]に関わる企業間ネットワークの地理的フリクション,距離の重要性を確認する。第4節では,それらの企業間ネットワークと企業パフォーマンスとの関係について,九州新幹線や長野新幹線を例に交通インフラの効果を確認し,企業間取引においても,輸送費用のようなモノの移動のコストより情報へのアクセスやサーチコストといった,ヒトの移動が重要であること,知識生産活動におけるFace-to-faceの重要性などを示す。第5節では,東日本大震災の被災地企業との取引関係を例に,取引先の取引先のような間接的取引関係も含め,企業間ネットワークが地理的にどのような広がりを持つのか,ネットワークの構造とともに示し,交通インフラの効果が地理的に離れた地域にも影響を与え得ること,マクロ経済との関係について議論する。最後に,政策的なインプリケーションと今後の研究課題について述べる。

2 経済活動の地理的な偏り

　この節では，経済活動の立地パターン，地理的な偏りを視覚的に確認して，企業間ネットワークの地理的フリクションへの示唆を得る。既存研究の多くは経済活動の立地パターンや集積の強さの違いから，企業間取引，知識生産，労働供給に関わる「集積力」との関係を示している。たとえば，産業ごとの集積度合いの違いに注目し，企業間取引，知識生産，労働供給が重要な産業において，より集積することを示している（Rosenthal & Strange［2001］；Ellison, Glaeser & Kerr［2010］[5]）。この節でも同様に，立地パターンから間接的に地理的フリクションへのインプリケーションについて紹介するが，次節以降，企業間ネットワークにおける企業間の距離を直接観測することによって，より詳細なインプリケーションを得ることが可能となる。

　図表2-1は事業所の立地パターンを表している。まず，左図は経済活動全体の立地パターンとして，事業所統計の全産業の事業所の地理分布を示している。総務省の定める標準地域区画の第2次メッシュ（約10km四方）を用いて，それぞれのメッシュの事業所数の全事業所数に占める割合を計算した。事業所数割合の高いメッシュ（濃い灰色）は東京，大阪，名古屋に集積している様子

図表2-1 事業所の立地パターン（全事業所（左）と知識生産事業所（右））

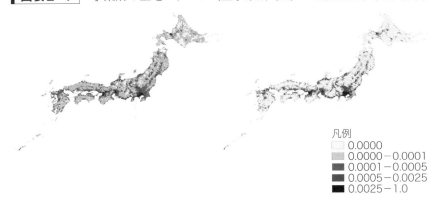

凡例
0.0000
0.0000－0.0001
0.0001－0.0005
0.0005－0.0025
0.0025－1.0

出所：Inoue, Nakajima & Saito［2017a］。

が見てとれる。また，右図は知識生産活動として，特許出願したことのある事業所について，左図と同様にメッシュごとの事業所数の割合を算出したものである[6]。特許出願事業所のない地域（白色）が多く，東京，大阪，名古屋の一部の地域への集積は，さらに強くなっている。

　Inoue, Nakajima & Saito [2017a] は，より精緻にこれらの地理的な偏りについて分析をしている。Duranton & Overman [2005] による集積特定方法（マイクロ立地データ[7]を用いた距離ベース指標）を用いて，他の経済活動に比べて，知識生産活動がどの程度集積しているかを算出した。そして，同じ産業同士が集積する傾向（産業集積）を考慮しても，知識生産活動は統計的有意に集積していること，さらに，知識生産活動の中でも，ハイテク産業[8]の事業所ほど集積していることを確認した。

　他の経済活動よりも知識生産活動が集積しているとはどのようなことを意味しているのであろうか。2000年頃から距離のパズルということが議論されており，輸送技術やICT（情報通信技術）が発展してきているにもかかわらず，距離の重要性がなくならないのはなぜか，フラットな世界からは程遠く，より集積が進んでいるのはなぜかが問題となっている（Cairncross [2001]）。輸送技術の発展により取引コストが低減し，ICTの普及により技術情報などの共有が容易になり，「集積力」が削減したにもかかわらず，集積が進んでいるのである[9]。知識生産活動の方が他の経済活動よりも集積しているということは，モノの移動より，ヒトの移動の地理的フリクションの方が「集積力」が強いことを意味しているかもしれない。また，ICTの普及にもかかわらず知識生産活動の集積が進んでいることは，ICTなどにより共有できない知識の重要性を意味しており，知識生産活動において，ヒトの移動によりもたらされるFace-to-faceの重要性は変わらないと考えられる。このことは，次節でより詳細に確認する。

3 企業間ネットワークの地理的フリクション

　前節のように，経済活動の立地パターンの地理的な偏りにより，取引コストや知識波及の地理的フリクションについて推測が可能であるが，企業間ネットワークにおける企業間の距離の特性を調べることによって，より深い理解が可

能となる。この節では，企業間の取引ネットワークおよび知識生産活動に関わるネットワークの地理的フリクションとその背後のメカニズムを確認する。

　取引と距離との関係について，国際貿易の研究分野で研究が進んでいる。2国間の貿易量と距離との関係を説明する「グラビティモデル」を用いた分析があり，地理的フリクションがなかなか低減しないことが示されている（Disdier & Head [2008]）。グラビティモデルでは2国のそれぞれの特性を考慮した上で，2国間の貿易量は距離とともに減衰する。すなわち，地理的に離れた国と貿易するコストが高いため，貿易しにくく，この傾向がなかなか減らないのである。国内の企業間取引においても，地理的フリクションは，地理的に離れた企業と取引しにくいことにより観測され得る。また，2国間の貿易量は個々の企業の貿易量を集計しており，個々の企業の意思決定を観測するのが困難であるため，国内の企業間取引の分析に優位性がある。

　グラビティモデルを用いた分析では，さらに，貿易量を下げる要因として，地理的な要因のほかに，関税や貿易協定などの制度に関する要因（Baier & Bergstrand [2007]），言語や文化などの違いによる要因があることが示されている（Melitz [2008]；Guo [2004]）。後者の要因は取引関係構築におけるヒトのコミュニケーションの重要性を示していると言えるであろう。さらに，取引関係構築において，輸送費のような物理的にモノを動かす要因よりも取引先のサーチコストなどの情報に関する要因の方が，とくに差別化された財において重要であるとも言われている（Rauch [1999]）。これらのことは，企業間の取引ネットワークにおいても，ヒトの移動の重要性が観測し得ることを意味している。

　一方，東アジアの生産ネットワークで見られるように，輸送費の低減などによって，国境を越えた取引ネットワークの構築が容易になっていることも確認されている。このことは，取引の地理的フリクションが削減される場合と削減されにくい場合が入り交じっていると考えられる。知識生産活動においても，ICTなどにより，地理的フリクションが削減される場合と削減されにくい場合があるであろう。どのようなネットワーク構築のフリクションが何により削減されるのか，そのメカニズムを探ることにより，政策の効果や交通インフラの効果の理解が進むであろう。

近年，国際貿易の研究分野では，企業レベルの分析が進んでおり，生産性の違い（異質性）と貿易の関係が議論されている。そこでは，生産性の高い企業のみが貿易を行うことが可能であり，輸出による市場拡大，輸入による安価な中間財の獲得などの貿易のメリットを享受できることが示されている。国内の企業間の取引ネットワークにおいても，少数の企業のみが遠くの企業と取引を行っていることが確認されており，とくに多くの取引関係を持つ少数の「ハブ企業」のみが遠くの企業と取引を行っていることが確認されている（Saito [2013]）。

企業の生産性と国際貿易との関係において，企業間の取引ネットワークの観点から興味深いことは，卸売業の企業を介した間接貿易についてである。直接貿易できるほど生産性の高くない企業は，間接貿易を行うことにより貿易のメリットを享受することが可能となることがわかっている（Ahn, Khandelwal & Wei [2011]）。企業の生産性の高い順に，直接貿易，間接貿易，国内取引のみを行う，ソーティング（順序付け）がなされる。このことは，間接貿易の取引コストの方が直接貿易を行う取引コストよりも低いこと，卸売企業が取引コストを削減させることを意味している。卸売企業は生産活動を行わず，商品の仕入と販売のみを行い，仲介者として存在する。言い換えれば，卸売企業は効率的な取引ネットワークを構築することに寄与しており，他の企業に取引関係構築によるメリットを提供している。したがって，卸売企業の機能を分析することは，取引コストの理解につながると考えられる。

卸売企業の役割について，国内の取引ネットワークの分析ではさらに詳細な分析が可能である（Okubo, Ono & Saito [2014]）。まず，ネットワーク構造を分析すると，卸売企業の「中心性」は高く，重要な位置にあることがわかる。「ネットワーク分析」の分野では，さまざまな「中心性」を表す指標が考案されているが，卸売企業は「媒介性」という中心性指標が非常に高く，取引ネットワークにおいて，多くの企業をつないでいる。次に，国内の取引ネットワークにおける企業間の取引距離（本社間の距離）について紹介する。前述のように多くの取引が近くの企業と行われており，全産業の取引距離の中央値は33kmである。一方，卸売企業の取引距離には非対称性があり，卸売企業の仕

入先までの距離（中央値103km）は，販売先までの距離（中央値40km）より非常に長いことがわかる。このことは，卸売企業は地理的に離れた企業間の取引を仲介していることを意味している。また，近くに販売先を持つことにより，販売先をモニターすることが可能となり，支払に関する信用提供機能として働いていると考えられる[10]。さらに，卸売企業は多くの事業所を持つ傾向があり，事業所間の取引距離[11]を観測すると，仕入先の事業所の近くに卸売企業の事業所があり，卸売企業の事業所展開により仕入先のサーチコストを削減していると推測される（伊藤・齊藤［2018］）。

このような卸売企業の事業所展開は間接貿易にとっても重要な役割を果たしていることもわかる。2017年の通商白書では，地域経済における間接貿易の重要性を取り上げている。石川・齊藤・田岡［2017］は，卸売企業の輸出には地理的要因が強く，本社が都市部に立地するほど輸出確率が高いことがわかっている[12]。その結果，地方の製造業企業の多くは都市部の卸売企業経由で間接貿易を行っていることが確認されている。このことは，地方の製造業企業が間接貿易するにあたり，都市部にある遠くの輸出卸企業と取引し，高い取引コストを払っているように思われる。しかし，伊藤・齊藤［2018］では，地方の製造業企業と輸出する卸売企業の距離について，本社間の距離の中央値が165kmであるのに対して，事業所間の距離の中央値は38kmとなり，卸売企業の事業所展開により，距離の障壁が4分の1以下になることが確認されている。卸売企業の事業所展開により，間接貿易をする地域の製造業企業は実際には高い取引コストを払わずに済んでいることがわかる。間接貿易に関する既存研究では，製造業企業が，自身の生産性の違いにより直接輸出，間接輸出，国内取引を選択するとされているが，この分析結果からは，卸売企業が事業所展開により仕入先サーチし，このサーチ機能が地方の製造業企業の間接貿易に重要な役割を果たしていると考えられる。

以上のように，取引ネットワークにおいても，情報へのアクセスやサーチコストといった，ヒトの移動が重要であることを示した。次に，知識生産活動に関わる企業間ネットワークにおけるヒトの移動の重要性について，組織間の距離との関係により確認する。組織間の距離を観測することにより，立地パター

ンの分析より多くの示唆を得ることが可能となる。知識波及に関する多くの既存研究では，特許の引用関係によって，特許出願した組織間の距離を分析している。Jaffe, Trajtenberg & Henderson［1993］は，組織の立地パターン（集積）を考慮した上で，地理的に近い組織の出願特許を引用する傾向があり，引用ネットワークに地理的フリクションがあることを示している。そして，Griffith, Lee & Reenen［2011］は，引用ネットワークの地理的フリクションは減少していることを確認している。一方で，Inoue, Nakajima & Saito［2013］では，知識波及を組織間の共同研究関係によりとらえ，共同研究ネットワークの地理的フリクションを確認した。そして，ICTが普及の進んだ1986年から2005年の20年間，地理的フリクションが変わっていないことを確認した。ICTの普及により共有し得る特許に明文化された形式知の波及は引用関係で観測されるのに対して，共同研究関係では，形式化されにくい知識の波及が関わっていると考えられる。このことから，知識生産活動では，形式化されにくい知識の波及において，Face-to-faceの重要性，ヒトの移動の重要性があることを示している。知識生産活動の地理的フリクションについて，組織間距離を観測することにより，立地パターンの分析より詳細なメカニズムがわかってきた。

4 企業間ネットワークと企業パフォーマンス

前節まで，企業間ネットワークの地理的フリクションを見てきたが，企業間ネットワークは企業パフォーマンスとどのように関係しているのであろうか。国際貿易の研究分野では，貿易の自由化は国境を越えた企業間取引を活発にし，貿易企業のパフォーマンスは向上し，マクロ全体で見た生産性も向上することがわかっている。貿易の自由化は制度的な国境を越えた取引コストの削減であり，その効果として企業パフォーマンスへ影響が確認されている。国内の取引ネットワークにおいても，取引コストの削減効果があるであろう。前述のように，交通インフラにより異なる地域間の取引コストが削減し，取引を構築しやすくなり，同様の効果を持ち得ると考えられる。

筆者らは，企業間ネットワークと企業パフォーマンスの因果関係を分析するため，交通インフラとして，2004年の九州新幹線（鹿児島ルート）の開通，

1997年長野新幹線の開通を例に分析を行った。新幹線の開通によって，モノの移動のコストは変わらず，ヒトの移動のみが容易になるため，取引コストにおけるヒトの移動に関連する効果を抽出することが可能である。また，企業間ネットワークと企業パフォーマンスとの関係の既存研究において，因果関係の識別は困難であった。すなわち，企業間ネットワークの構築により企業パフォーマンスが向上するという関係とパフォーマンスの高い企業が新たな企業間ネットワークを構築するという逆の因果関係が存在するのである。新幹線開通前後の企業パフォーマンスの変化を分析することにより，この因果関係の識別が可能となる。分析には，新幹線開通の影響を受ける近隣企業（対象群）と受けない企業（比較群）の違いを開通前後の違いについて比較する「差の差の検定」を用いた。この手法は，政策効果の分析などに用いられる手法である。

　まず，取引ネットワークについて，九州新幹線開通効果の分析を行った（Bernard, Moxnes & Saito [2018]）。企業の仕入ネットワークに注目し，アウトソーシングの理論における仕入先サーチモデルを国内取引モデルに修正，新幹線開通効果を定式化した。また，九州新幹線開通前後の新幹線新駅近辺の企業とその他の企業のパフォーマンスを比較するにあたり，企業特性により効果が異なると考えられるため，「差の差の検定」を発展させた「Triple Difference Approach」により，仕入先のサーチが重要であると考えられる，中間財比率の高い産業に属しているか否かの違いも含めて分析した。分析の結果，新幹線新駅近辺の企業が新たな仕入先を構築し，企業のパフォーマンス向上につながっていること，その効果が中間財比率の高い産業で顕著であることを示した。交通インフラに関する既存研究では，取引コストの削減により地域間取引が増えることが確認されているが（Donaldson [2018]；Duranton, Morrow & Turner [2014]），筆者らの企業レベルの分析により，サーチコストの削減効果を精緻に分析することが可能となった。新幹線開通によりヒトの移動が容易になり，仕入先のサーチコストが下がり，取引ネットワークの構築，企業パフォーマンス向上につながるという因果関係を示すことができた。

　次に，知識生産活動に関するネットワークについて，長野新幹線開通の効果を分析した（Inoue, Nakajima & Saito [2017b]）。新幹線新駅付近の企業に対し，

新幹線開通前後の引用関係の変化，共同研究関係の変化を確認した[13]。分析の結果，長野新幹線新駅付近の企業と東京の企業との共同研究関係は増えていないが，東京の特許の引用が増えていることが確認された。この結果は，共同研究関係のネットワーク構築の地理的フリクションが長期にわたり削減されないという Inoue, Nakajima & Saito［2013］と整合的結果である。一方で，長野新幹線新駅付近の企業の特許のパフォーマンスは向上しており，長野新幹線沿線の企業間の共同研究も増えている。引用関係に見る東京からの知識波及が長野新幹線沿線上の知識生産活動を活発にしていると考えられる。ICT の普及などにより，引用関係の地理的フリクションは削減されてきていると既存研究では示しているが，特許引用のような形式知の波及に関しても，ヒトの移動による知識のサーチが依然として重要であり，交通インフラなどによる削減効果があることも示している。知識生産活動において，異なる知識の融合の重要性が Berliant & Fujita［2008］により指摘されているが，遠くの地域の情報，異なる知識を取り入れることにより，長野新幹線線沿線における研究活動が活発になったことがわかる。

5 企業間ネットワークの広がり

　前節では，交通インフラによりヒトの移動が容易になることによって，ネットワーク構築が進み，企業パフォーマンスの向上につながることを確認した。取引コストが削減した企業への直接効果を見ているが，企業は複雑な取引ネットワークの中で密接につながっており，間接的な効果も期待されよう。この節では，交通インフラの効果を確認したものではないが，東日本大震災のショックの波及の分析から，間接的効果の重要性のインプリケーションを示したい。

　まず，企業間の取引ネットワークがどのように地理的に広がっているのか確認する。前節で述べたように，地理的フリクションによって，多くの取引は近くの企業と行われているが，企業集積[14]を考慮しても，有意に取引が近くの企業と行われていることもわかっている（Nakajima, Saito & Uesugi［2012］）。それでは，取引先の取引先のような間接的な取引先はどのように地理的に広がっているのであろうか。Saito［2015］の分析結果を紹介する。まず，**図表**

2-2の左上は直接被災した企業の各都道府県の全企業に占める割合である。図の色が濃くなるほど，企業の割合が大きいことを示している。ここで，被災地を青森県，岩手県，宮城県，福島県の4県の太平洋沿岸の44市と定義した。定義により，4県にのみ被災地企業は存在している。次に，右上図は被災地企業の取引先を含めた企業の割合について，地理的な広がりを示している。前述のように，多くの取引が近くの企業と行われていることを反映し，4県以外の企業の割合は非常に低く，被災地企業の直接取引先は地理的に広がってないことがわかる。全企業数から見ても，被災地企業が日本企業全体の1.8％で，被

図表2-2 被災地企業との関係別，都道府県別の企業数の割合（被災地企業（左上），被災地企業の取引先まで（右上），取引先の取引先まで（左下），取引先の取引先の取引先まで（右下））

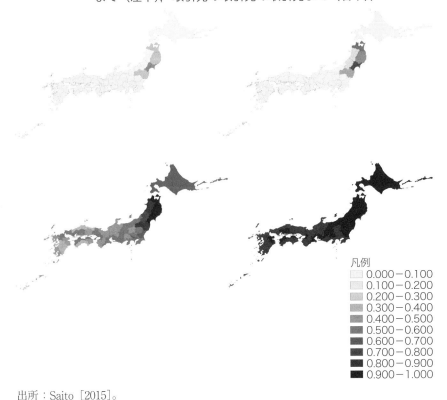

出所：Saito［2015］。

| 図表2-3 | 被災地企業との関係別，都道府県別の企業数の割合（仮想ネットワーク）（被災地企業の取引先まで（左），取引先の取引先まで（右））

出所：Saito［2015］。

災地企業の取引先は日本企業全体の3.3％である。しかし，取引先の取引先の企業を含めると状況は大きく変わり，被災地から離れた地域においても，多くの企業が間接的な取引でつながっている（左下図）。さらに，取引先の取引先の取引先まで含めると，ほぼすべての企業がつながる（右下図）。全企業数でいうと取引先の取引先も含めると企業の割合は56.7％，その取引先を含めると90.5％まで増える。このような間接的な取引先の広がりは，企業間の取引ネットワークがスモールワールド[15]という性質を持っていることを反映している（齊藤［2012］）。

多くの企業間の取引は非常に狭い範囲で行われていることを考えると，間接的な取引も地理的な広がりを持たないように思われる。しかし，直接取引においても，取引関係を多く持つ「ハブ企業」が遠くの企業と取引可能であり，このハブ企業が間接的な取引の地理的な広がりに重要な役割を果たしている（Saito［2013］）。図表2-3は，実際の取引ネットワークから，取引関係を多く持つ上位1％程度のハブ企業を取り除いた仮想的なネットワークを構築し，仮想ネットワークにおける直接的な取引先と間接的な取引先の企業の広がりを

示している。仮想ネットワークにおける直接取引先の企業の割合の地図（左図）は実際のネットワークの場合（図表2-2の右上）とあまり変わらないが，取引先の取引先の企業の割合の地図（右図）は実際のネットワークの場合（図表2-2の左下）と大きく異なり，間接的につながっている企業の割合が低くなっている。ハブ企業のいない仮想ネットワークでは，間接的な取引先が地理的に広がらないことがわかる。言い換えると，実際のネットワークでは，間接的な取引関係の地理的広がりにハブ企業が重要な役割を果たしているのである。

　以上，間接的な取引先の地理的な広がりを確認したが，それらの間接的な取引先にまで，震災のショックはどの程度波及しているのであろうか。Carvalho, Nirei, Saito & Tahbaz-Salehi［2016］は東日本大震災のショックの波及を精緻に分析している。被災地企業の仕入先（川上企業）への波及，販売先（川下企業）への波及，それぞれの間接的な取引先（仕入先の仕入先，販売先の販売先）への波及について調べた。分析の結果，震災のショックは川上企業，川下企業ともに波及するが，川下企業へは間接的な取引先（販売先の販売先）にまでショックが波及することが確認された[16]。また，自明な結果であるが，震災被害の大きさは直接被害を受けた被災地企業が最も大きく，被災地企業と直接取引のある企業，間接取引のある企業（取引先の取引先）の順に小さくなっていくことが確認されている。一方，企業数を見ると直接被害を受けた企業が最も少なく，直接取引のある企業，間接取引のある企業の順に多くなっていく。その結果，トータルで見た被害の大きさは，直接被害を受けた企業が最も小さく，直接取引のある企業，間接取引のある企業の順に大きくなり，間接的な取引先の被害がマクロの動きを形成すると考えられる。

　このことは震災後の工業生産指数（IIP）の増加率の推移からも確認される（図表2-4）。被災4県のGDPに占める割合は5％程度と小さいにもかかわらず，マクロへの影響があることがわかる。被災4県の震災直後のIIP増加率は約45％減少，日本全体のIIP増加率は約20％減少しているため，直接効果だけでこのようなマクロの効果を引き起こすには被災4県のGDPは40％程度なくてはならない。また，被災地企業が被災4県の一部であることを考えると，ネットワークによる効果は10倍以上になることが推測される。このネットワーク効果は前述の直接取引先と間接取引先の被害をあわせたものである。

近年，一部の地域の個別ショックがマクロ変動を引き起こすメカニズムの研究が活発に行われている。大きな企業がマクロ変動を起こすという理論（Gabaix［2011］）や取引を多く持つ企業がマクロ変動を起こすという理論（Acemoglu et al.［2012］）がある。前者の理論では，被災地企業が大きいことによりマクロ変動が引き起こされ，後者の理論では，直接取引先が多いことにより引き起こされることを意味する。しかし，実際には，被災地企業のGDPに占める割合が小さいため，マクロ変動を引き起こすことは説明できず，また，直接取引先は少なく，マクロ変動に寄与しない。実際に観測された現象は，間接的取引先がマクロ変動に大きく寄与している。既存研究とは異なり，多くの企業が間接的につながっているというネットワーク構造を考慮することによってはじめて説明され得るのである。さらに，間接的な取引先は地理的にも広がっているので，離れた地域にも影響があることがわかる。

一方，IIP増加率の動きからは比較的早く回復していることも見てとれる。企業間の取引ネットワークを通じたショックの波及に直面して，被災地以外の

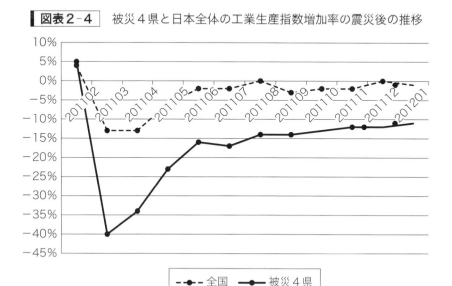

図表2-4 被災4県と日本全体の工業生産指数増加率の震災後の推移

出所：Carvalho, Nirei, Saito & Tahbaz-Salehi［2016］。

企業は新たな取引を構築することにより、リスクを回避していると考えられる。すなわち、取引ネットワークの変化により、ショックが吸収され、マクロ変動へ与える影響が長期的に小さくなることがわかる。このような負のショックの吸収機能は、取引ネットワークの「レジリエンス」（頑強性）[17]として、重要視されている。

　震災のショックの波及の研究では、短期的なショックの波及を確認したが、新しい技術の導入による企業の成長など長期的な効果も波及し、離れた地域にも影響を持ち得る（Caliendo et al.［2016］）。企業の成長は取引先やさらなる取引先にまで波及し、マクロな成長を生むのである。同様に、交通インフラ整備による企業のパフォーマンス向上も短期的な効果ではなく、間接的な取引先にまで波及し得ると考えられる。すなわち、交通インフラ整備の効果においても、取引コストの削減された一部の地域の企業のみでなく、経済全体へ長期的な影響があると考えられる。さらに、前述のように、負のショックの波及においては、取引ネットワークはショックの波及を妨げるように変化するが、正のショックの波及では、正のショックを受けた企業との新たな取引ネットワークの構築が進み、ショックの波及を増幅するように取引ネットワークが変化すると考えられる。その結果、直接関係しない地域においても長期的な影響が及ぶことが考えられる。

　また、間接的な取引先の地理的な広がりにハブ企業が重要な役割を果たしていることを確認したが、正のショックの他地域への波及においても、ハブ企業が果たす役割が大きい。停滞する地域経済において、他地域の成長を取り込むことが重要であり、経済産業省では、域内企業の取引ネットワークのハブ企業であり、域外企業とも取引でつながっている企業を「コネクターハブ企業」と定義し、そのような企業のサポートの重要性について議論している。他地域の正のショックは、このようなハブ企業を経由して、地域経済へ取り込まれると考えられる。知識生産活動においても同様である。長野新幹線の影響で確認したように、他地域とつながることによって、新しい知識が取り込まれ、域内でのネットワーク構築も活発になり得る。知識生産活動においても、「コネクターハブ」は重要であり、地域の生産性の向上につながるであろう。

6 本章のまとめと政策的示唆

　筆者は，企業間ネットワークには多様な地理的フリクションがあり，企業パフォーマンスにつながるメカニズムを精力的に分析してきた。そして，交通インフラの整備の効果，とくに新幹線のようなヒトの移動を容易にするような交通インフラの効果に関する分析を示した。これらの結果は，政策的にどのようなインプリケーションがあるのであろうか。

　前述のように，企業間ネットワークの地理的フリクションや企業間ネットワークと企業パフォーマンスとの関係を前提にして，政策的にもクラスター政策，企業のマッチング支援などさまざまな政策がとられてきた。また，日本の企業の競争力の源泉は企業間の密な取引関係，「つながり力」にあると認識されており，政府の骨太の方針などでも「つながり力」を活用した政策の重要性が指摘されてきた。しかし，過去10年間の企業の構造的な変化を追っていくと，中小企業の退出が進んでいることがわかる。そして，企業の退出が取引先の退出につながり，退出の連鎖が起きていること，その効果は都市部よりも地方で顕著であることが確認されている（小倉・齊藤［2018］）。地方には，潜在的な取引先が少ないため，取引先が退出した時に新たな取引先の構築が困難であることが確認されており（Miyauchi［2017］），地方における退出の連鎖により，地域の取引ネットワークが疎になっていく可能性がある。このような地域間格差が進む中，域外の成長や海外の成長を取り込む取引関係の構築が重要であろう。

　中小企業庁と経済産業研究所の共同プロジェクトでは，10年後の将来の構造的な変化を見越した政策へのインプリケーションを得ることを目的とし，過去10年の中小企業を取り巻く構造的な変化の分析を行っている。そのプロジェクトでは，前述のように，中小企業の数が年々減少していることに加え，企業の平均年齢が高くなり，企業の高齢化が進んでいることが確認されている。また，企業成長や取引ネットワークの特性や両者の関係は企業年齢により異なることが確認されている。企業間ネットワークによる「つながり力」を生かした政策を実行するにあたり，企業の年齢構成，企業規模の構成，地域による違いがど

のように変化していくのか，構造的な変化を考慮する必要があろう。

　このような構造的な変化に直面し，交通インフラはどのような役割を果たし得るのだろうか。国土交通省では，交通インフラ整備の効果として，公共投資による需要拡大による一時的なフローの効果に加え，交通インフラによる利便性向上によるストック効果，恒常的な効果を捉えていこうという動きがある。フローの波及効果として，産業連関分析による乗数効果による分析が行われてきたが，フロー効果だけでなく，ストック効果も波及し得ることが筆者らの企業レベルの分析から確認された。筆者らの企業間ネットワークの地理的な広がりに関する研究からは，交通インフラの直接関係ない地域においても，間接的に効果を持ち得て，交通インフラは企業間ネットワークの観点からも非常に重要な政策であり，波及によってマクロな効果も持ち得ることがわかった。そして，直接的，間接的な波及効果は，ネットワークの密な地域か，ネットワークの疎な地域なのかなど，地域特性によって異なると考えられる。また，企業特性によっても効果が異なり，企業の生産性の違いや企業年齢の違いによって異なると考えられる。地理的フリクションを下げることにより，貿易自由化において観測されたことと同様に生産性の高い企業へのメリットが高く，企業間の格差拡大をもたらすこともあり得よう。また，年齢の高い企業のネットワークは硬直的で，域外の成長ととりこみにくいかもしれない。

　以上のように，交通インフラは企業間の関係構築を活発化させ，企業パフォーマンス向上をもたらすことに加え，企業間の格差拡大という副次的効果も引き起こし得る。また，筆者らの研究では，企業の立地を外生的であるとし，企業間ネットワークの変化とその効果のみを分析している。しかし，長期的には企業の立地の変化をもたらすと考えられる。たとえば，東海道新幹線が開通したことにより，大阪の企業は本社を東京に移し，本社機能のさらなる集積，「ストロー効果」をもたらしたと指摘されている。現在建設中のリニア中央新幹線の開通により，東京-大阪間は1時間程度で移動可能になるとされている。東京，大阪の都市の役割が大きく変わるであろうし，日本全体の企業の立地にも大きな影響を与えるだろう。地理的なフリクションを下げることにより，企業間の格差だけでなく，立地の偏りも含めた地域間の格差の拡大ももたらすこともあり得よう。

筆者は，企業間の取引ネットワークにおける本社と事業所の役割，取引関係や知識波及の企業間ネットワークの地理的フリクションなどを分析してきたが，それらのフリクションが企業の立地選択に与える影響，都市の形成など長期的な効果も理解する必要があり，今後の研究の課題としたい。交通インフラの本来の目的である利便性向上に伴うネットワークの構築に加え，副次的に立地の偏りをもたらしたり，地域間や地域内の格差に影響を及ぼし得る。そのことに対応し，どのような追加的な政策が必要であるのかを検討する必要があるだろう。

▶注
1　産業が集積する地域にその産業に必要な労働者も集積し，労働者がプールされる。個々の企業は集積によりプールされた労働者を利用することが可能となる。ただし，本章のテーマである企業間ネットワークの観点とは異なるので，以降議論しない。
2　他にも集積のデメリット（負の外部経済）として，企業間の競争が激しくなることや混雑を引き起こすことなどがある。
3　ここでヒトの移動とは出張などによる移動を意味しており，居住地の移動，移住を意味しない。移住のコストは移動のコストよりも大きく，経済活動の立地パターンと同様に，長期的に変化するものである。ここで紹介する企業間ネットワークの地理的フリクションの研究では，立地パターンは所与とした相対的に短期的な動きを議論している。
4　企業間の取引関係については東京商工リサーチのデータを用いている。知識生産活動については特許の公開情報を用いて分析している。
5　異なる産業の間の取引関係，知識生産，労働供給の関係を分析し，共集積の強さを説明している。
6　公開特許明細書の発明者住所情報から発明者の所属組織（事業所）を特定した。また，住所情報を緯度経度情報に変換し，さらに第2次メッシュ情報に変換した。ここで，住所情報を緯度経度情報に変換するにあたり，東京大学空間情報科学研究センター（CSIS）との共同研究プロジェクトにおいて，号レベルジオコードシステムを用いている。
7　マイクロ立地データとは，企業や事業所レベルの緯度経度データである。
8　ここで，ハイテク産業は売上高に占める研究開発費の比率の高い産業として定義した。
9　ただし，輸送費と集積度の関係は単調でないことがPuga［1999］により示され

ており，輸送費が低下すると，製造業の分布は分散から集中そして再分散という逆U字の関係となるとされている。ここでは再分散の段階にたどりついていないという意味で用いている。
10　ここでは国内取引ネットワークに着目するが，国際貿易において，卸売企業は文化が異なるような輸出しにくい地域に対し多く輸出を行っていることがわかっている。卸売企業には多くの取引の経験から多くの情報が蓄積され，卸売企業が仲介することによって，文化的障壁など，輸送コスト以外の貿易コストも削減していると考えられる。
11　工業統計と商業統計の事業所データを東京商工リサーチの企業間の取引関係のデータにマージして分析をしている。事業所間の距離は企業が複数事業を持つ場合，最も近い事業所の間で取引が行われていると仮定して算出している。
12　伊藤・齊藤［2018］では，事業所レベルの輸出確率にも地理的な要因が強いことが確認されているが，事業所の輸出確率は事業所自身の立地よりも本社の立地の方が重要であり，輸出のためのインフラなどの物理的なモノの移動のコストより，輸出情報へのアクセスが重要であることがわかる。
13　比較群として長野新幹線の後に開通した北陸新幹線の長野−金沢の区間の駅付近の企業とした。
14　取引相手がランダムに決まっている場合でも，企業の立地が集積している場合には，取引相手までの距離は短くなりやすい。そうした集積が企業間の距離に与える影響を考慮しても，なお企業は近くの企業と取引しやすい。
15　人間関係のネットワークにおいてよく知られているが，「6次の隔たり」と呼ばれており，友達の友達と6次の先までたどっていくと全世界につながるという性質をスモールワールドネットワークは持つ。
16　川上企業への間接的な取引先への影響は有意に確認されなかった。ただし，ショックの種類により波及の仕方は異なる可能性もあり，震災のショックの波及の仕方を一般化することはできない。
17　レジリエンスとはショックに対してどれだけ頑強であるのかということである。今後予測される南海トラフ地震などの自然災害に備えて，頑強なネットワーク構築の重要性が議論されている。

▶参考文献

石川靖・齊藤有希子・田岡卓晃［2017］「地域経済における間接貿易の役割」RIETI Discussion Paper Series，No. 17-P-009。
伊藤匡・齊藤有希子［2018］「卸売企業の事業所展開と間接貿易」RIETI Discussion

Paper Series, No. 18-P-010.
小倉義明・齊藤有希子［2018］「企業ダイナミクスの構造変化：企業間ネットワークと地理空間の観点から」RIETI Discussion Paper Series, No. 18-P-004.
齊藤有希子［2012］「被災地以外の企業における東日本大震災の影響―サプライチェーンにみる企業間ネットワーク構造とその含意」『日本統計学会誌』42(1), 135-144.
Acemoglu, D., Carvalho, V. M., Ozdaglar, A. & Tahbaz-Salehi, A. [2012] "The Network Origins of Aggregate Fluctuations." *Econometrica*, 80, 1977-2016.
Ahn, J. B., Khandelwal, A. K. & Wei, S. J. [2011] "The Role of Intermediaries in Faciliating Trade." *Journal of International Economics*, 84, 73-85.
Baier, S. L. & Bergstrand, J. H. [2007] "Do Free Trade Agreements Actually Increase Members' International Trade?" *Journal of International Economics*, 71 (1), 72-95.
Berliant, M. & Fujita, M. [2008] "Knowledge Creation as a Square Dance on the Hilbert Cube." *International Economic Review*, 49 (4), 1251-1295.
Bernard, A. B, Moxnes, A. & Saito, Y. U. [2018] "Production Networks, Geography and Firm Performance." *Journal of Political Economy*, forthcoming, (NBER Working Paper No. 21082).
Cairncross, F. [2001] *The Death of Distance 2.0 ; How the Communications Revolution Will Change Our Lives*, Harvard Business School Press, Cambridge.
Caliendo, L., Rossi-Hansberg, E., Parro, F. & Sarte, P. G. [2016] "The Impact of Regional and Sectoral Productivity Changes on the U.S. Economy." NBER Working Paper, No. 20168.
Carvalho, V., Nirei, M., Saito, Y. U. & Tahbaz-Salehi, A. [2016] "Supply Chain Disruptions: Evidence from the Great East Japan Earthquake." CEPR Discussion Paper, No. 11711.
Disdier, A. & Head, K. [2008] "The Puzzling Persistence of the Distance Effect on Bilateral Trade." *Review of Economics and Statistics*, 90 (1), 37-48.
Donaldson, D. [2018] "Railroads of the Raj: Estimating the Impact of Transportation Infrastructure." *American Economic Review*, 108 (4-5), 899-934.
Duranton, G. & Overman, H. [2005] "Testing for Localization Using Micro-geographic Data." *Review of Economic Studies*, 72 (4), 1077-1106.
Duranton, G., Morrow, P. M. & Turner, M. A. [2014] "Roads and Trade: Evidence from the US." *The Review of Economic Studies*, 81 (2), 681-724.

Ellison, G., Glaeser, E. & Kerr, W. [2010] "What Causes Industry Agglomeration? Evidence from Coagglomeration Patterns." *American Economic Review*, 100 (3), 1195-1213.

Gabaix, X. [2011] "The Granular Origins of Aggregate Fluctuations." *Econometrica*, 79, 733-772.

Griffith, R., Lee, S. & Van Reenen, J. [2011] "Is Distance Dying at Last? Falling Home Bias in Fixed-effects Models of Patent Citations." *Quantitative Economics*, 2 (2), 211-249.

Guo, R. [2004] "How Culture Influences Foreign Trade: Evidence from the U.S. and China." *The Journal of Socio-Economics*, 33 (6), 785-812.

Inoue, H., Nakajima, K. & Saito, Y. U. [2013] "Localization of Collaborations in Knowledge Creation." RIETI Discussion Paper Series, No. 13-E-070.

Inoue, H., Nakajima, K. & Saito, Y. U. [2017a] "Localization of Knowledge-creating Establishments." *Japan and the World Economy*, 43, 23-29.

Inoue, H., Nakajima, K. & Saito, Y. U. [2017b] "The Impact of the Opening of High-speed Rail on Innovation." RIETI Discussion Paper Series, No. 17-E-034.

Jaffe, A., Trajtenberg, M. & Henderson, R. [1993] "Geographic Localization of Knowledge Spillovers as Evidenced by Patent Citations." *Quarterly Journal of Economics*, 108 (3), 577-598.

Marshall, A. [1920] *Principles of Economics*, London: Macmillan (8th edition).

Melitz, J. [2008] "Language and Foreign Trade." *European Economic Review*, 52 (4), 667-699.

Miyauchi, Y. [2017] "Matching and Agglomeration: Theory and Evidence from Japanese Firm-to-Firm Trade." MIT Working Paper, 14265.

Nakajima, K., Saito, Y. U. & Uesugi, I. [2012] "Localization of Interfirm Transaction Relationships and Industry Agglomeration." RIETI Discussion Paper Series, No. 12-E-023.

Okubo, T. Ono, Y. & Saito, Y. [2014] "Roles of Wholesalers in Transaction Networks." RIETI Discussion Paper Series, No. 14-E-059.

Puga, D. [1999] "The Rise and Fall of Regional Inequalities," *European Economic Review*, 43, 303-334.

Rauch, J. E. [1999] "Networks Versus Markets in International Trade." *Journal of International Economics*, 48 (1), 7-35.

Rosenthal, S. & Strange, W. [2001] "The Determinants of Agglomeration." *Journal of Urban Economics*, 50, 191-229.

Saito, Y. U. [2013] "Role of Hub Firm in Geographical Transaction Network." RIETI Discussion Paper Series, No. 13-E-080.

Saito, Y. U. [2015] "Geographical Spread of Interfirm Transaction Networks and the Great East Japan Earthquake." *The Economics of Interfirm Networks*, Springer Publishing, Chap.8.

（齊藤　有希子）

第 3 章

都市間交通インフラと企業間取引・企業パフォーマンス
東日本大震災による高速道路途絶の影響

> **[本章のねらい]**
> 　都市間交通インフラが，企業間取引・企業パフォーマンスに与える影響を，因果関係の識別に配慮した上で，実際のデータを用いて明らかにする。
>
> **[本章を通じてわかったこと]**
> 　東日本大震災に起因する高速道路閉鎖により迂回を余儀なくされた結果，取引先までの所要移動時間が増加した企業では，企業間取引の継続確率が有意に低下した。また，この取引中断・途絶は，企業の業況感に有意に負の影響を及ぼした。
>
> **[政策的な示唆・メッセージ]**
> 　高速道路の整備は移動・輸送コストの軽減によって，企業間取引を促進し，企業パフォーマンスを改善している可能性が高い。

1 本章のねらいと概要

　高速道路や高速鉄道などの都市間交通インフラは，人，物，情報の移動コストを低下させることによって，企業活動を円滑化する効果を持つと考えられる。しかし，実際にこの効果の大きさを正しく評価することは容易ではない。その理由として，第一に，都市間交通インフラはもともと経済活動が活発な都市間において整備される傾向にあるため，本当にインフラの整備により経済活動が円滑になり活発化したのか，逆に経済活動の活発化に伴いインフラが整備されたのか，因果関係を識別することは困難である。また，インフラ整備の計画・実施に伴って，人や企業が当該インフラの周辺地域に移動する可能性がある。このため，経済全体への効果を計測する際には，そうした内生的な立地選択の影響を取り除く必要がある。

　本研究の目的は，第一に，これらの分析上の困難に対処した上で，都市間交通インフラが企業の事業活動に影響を与えているかどうかを，実際のデータを用いて明らかにすることである[1]。第二に，分析結果に基づき，都市間交通インフラ整備に関する政策的な含意を提供することである。本稿の特徴は，企業間取引における交通インフラの経済的意義を正確に評価するために，東日本大震災（以下「震災」と表記）と福島第一原子力発電所の事故による高速道路の途絶に注目する点にある。第2節で詳述するように，震災という外部から与えられたショックの影響に注目することで，都市間交通インフラが企業間の仕入・販売取引と企業のパフォーマンスに及ぼす影響を正確に識別することができる。この識別が，本論文の最大の貢献である[2]。

　得られた結果からは，高速道路の閉鎖に伴う迂回時間の割合が大きいほど，企業間取引の継続確率が有意に低下すること，中でも仕入先ではなく販売先の場合で，かつ取引順位が低い場合に，継続確率が有意に低下することが示された。さらに，こうした販売先との取引の中断・途絶は，企業の業況感に対して有意に負の影響を及ぼすことがわかった。これら二つの結果を合わせると，高速道路の途絶は，一部販売先との継続確率を有意に低下させ，その結果として企業の業績悪化をもたらした，と結論付けることができる。このことは逆に，

高速道路の整備が輸送コストの軽減を通じて，企業間取引を促進している可能性が高いことを示唆している。

　本章の構成は以下の通りである。まず第2節では，本研究において，都市間交通インフラの経済効果を推定するための識別戦略を説明する。第3節では，既存の実証分析を紹介し，本研究の貢献を明らかにする。第4節では分析に用いるデータと分析手法を説明する。第5節では，迂回による時間距離の増加が企業間取引と企業パフォーマンスに及ぼす分析結果を提示する。第6節では結論を述べる。

2 識別戦略

　2011年3月11日に発生した震災は，東北地方の高速道路に甚大な被害をもたらした。そのほとんどは，同年4月1日までに復旧がなされたが，原発事故の影響もあり，太平洋沿岸を縦断する高速道路である常磐自動車道（以下「常磐道」）の一部（常磐富岡インターチェンジから広野インターチェンジまでの16.4km）は，2014年2月22日まで閉鎖が続いていた[3]。このため，震災以前に常磐道の当該区間を利用していた取引は，復旧までの間，東北内陸部の高速道路である東北道経由での迂回を余儀なくされた可能性が高い。常磐道の区間閉鎖は震災という予測困難な突発的事象によって生じたものであり，交通インフラに対する外生的なショックと言える。

　本章で主に用いるデータは，東北地方に立地する企業を対象として震災後の2012年7月以降4回にわたって東北大学が実施したアンケート調査「震災復興企業実態調査」（以下「復興調査」と表記）のうち，2013年8－9月に実施された第2回調査の個票データである。復興調査の対象は，東北地方の3県1市（岩手県，宮城県，福島県と青森県八戸市）に所在する企業である。

　復興調査には，企業間関係に関する項目がいくつか含まれている。具体的には，震災前の仕入・外注先企業（以下「仕入先企業」）のうち，震災直前の決算期における年間の仕入・外注額の大きい順に上位3社までについて，震災後の取引継続状況が，①継続，②中断後再開，③取引途絶のいずれであったかを知ることができる。また，販売・受注先企業（以下「販売先企業」）についても，

同様に震災前の上位3社の震災後の取引継続状況を調査している。さらに，アンケート対象企業自身の住所と，仕入先・販売先企業の住所（市町村レベル）の情報も得ることができる。これらの情報を用いると，常磐道の閉鎖区間を挟む企業同士の企業間取引について，常磐道を使った場合と，迂回路である東北道を使った場合の間の時間差を計算することが可能となる。この時間差は，震災による常磐道の区間閉鎖という突発的な事象により生じた追加的な移動・輸送時間（以下，単に「移動時間」と呼ぶ）であり，都市間交通インフラに生じた外生的な利用コスト上昇を表している。

　これらの情報を利用して，本研究では常磐道の区間閉鎖前に比べて閉鎖後に迂回のために生じた追加的時間の割合を計算し，この割合が大きいほど企業間取引が継続される確率が低下していたか否かを検証する。さらに，企業間取引が継続されないことによる企業業績への影響を，復興調査から把握される各社の「業況感」の変化に着目して検証する。この2段階の分析によって，本研究では都市間交通インフラの利用コストの上昇が企業活動に悪影響を与えているかどうかを明らかにし，都市間交通インフラの経済的重要性の有無を明らかにする。

3 先行研究と本研究の貢献

　交通インフラ，とりわけ高速道路や高速鉄道などの都市間交通インフラが経済活動に及ぼす影響に関する研究では，都市化・郊外化（Baum-Snow [2007]；Duranton & Turner [2012]；Garcia-López, Holl & Viladecans-Marsal [2015]），所得（Chandra & Thompson [2000]；Banerjee, Duflo & Qian [2012]；Donaldson [2018]），労働需要（Michaels [2008]），生産性（Holl [2016]），資源配分（Ghani, Goswami & Kerr [2015]），輸出（Martincus & Blyde [2013]；Coşar & Demir [2016]），イノベーション（Inoue, Nakajima & Saito [2017]），企業間取引（Datta [2012]；Bernard, Moxnes & Saito [2016]）などに関して，さまざまな影響が分析されている。そして，多くの研究では都市間交通インフラがこれらの経済活動に正の影響を及ぼすことを発見している[4]。

　冒頭で触れた通り，都市間交通インフラの影響に関する実証分析が直面する

最大の課題は，都市間交通インフラが経済活動に及ぼす「因果関係」をどう識別するか，という点である。経済活動が活発な地域，あるいはそう予想される地域に都市間交通インフラが整備される場合，因果関係の方向はむしろ逆となる。また，都市間交通インフラの整備計画や実施に伴い，インフラを利用することの便益が高い人や企業—その多くは，活発な経済活動を行う主体—がアクセスのよい地域に移動するため，そうした立地選択の影響を取り除かなければ，インフラの経済全体への効果を過大評価してしまうという懸念もある。上記の先行研究の多くは，こうした課題をさまざまな手法・事例で軽減している。これを大別すると，以下の通りである。

　第一に，都市間交通インフラの立地が，過去の歴史的な要因や軍事的要因によって決定されていることを利用する研究がある (Baum-Snow [2007]; Duranton & Turner [2012]; Banerjee, Duflo & Qian [2012]; Garcia-López, Holl & Viladecans-Marsal [2015]; Holl [2016]; Donaldson [2018])。この場合の識別上の仮定は，「遠い過去に計画された交通網や軍事目的の交通網は，現在の交通インフラの立地には影響しているが，現在の経済活動に直接には影響していない」というものである。この仮定が満たされていれば，得られた結果は都市間交通インフラから経済活動に対する因果関係を正しくとらえているといえる。

　第二に，全国規模の高速道路の沿線の地方における経済効果を分析する研究がある (Michaels [2008]; Chandra & Thompson [2010]; Datta [2012]; Banerjee, Duflo & Qian [2012]; Ghani, Goswami & Kerr [2015])。これらの研究は，全国規模の高速道路は，主要な都市間を結ぶために建設されているので，その沿線の地方にとっては，高速道路へのアクセスは外生的なものである，という識別上の仮定に基づいたものだといえる。

　第三に，本研究の識別戦略に最も近い先行研究として，Martincus & Blyde [2013] が挙げられる。同論文では，自然災害による都市間交通インフラの被害を外生的なショックとして利用することで，交通インフラから経済活動への因果関係を取り出している。

　以上の先行研究と本研究を比較すると，本研究は Martincus & Blyde [2013] と同様に自然災害という偶発的ショックの影響を分析することによって，都市

間交通インフラの経済効果をクリーンに識別している点が特徴だといえる。ただし，Martincus & Blyde［2013］は高速道路の被害が輸出に及ぼした影響を分析しているのに対し，本研究は企業間取引への影響，および，企業パフォーマンスへの影響を分析している点が異なっている。

都市間交通インフラが企業の取引関係を通じて企業パフォーマンスに及ぼす影響を分析している，という点では，本研究はBernard, Moxnes & Saito［2016］とも密接に関係している。彼らは，2004年の九州新幹線の延伸の効果を検証し，新幹線延伸による旅客輸送コストの低減が，新たな企業間取引（仕入・販売）を生み出し，企業パフォーマンスに正の影響を与えたこと，とくにパフォーマンスへの影響は中間投入比率の高い産業に属する企業ほど大きかったことを見出している。

同論文におけるインフラの効果の識別戦略は，交通網の計画が策定されてから実際の開通までの間に，時間的遅れと不確実性が存在する，という事実を利用することである。こうしたタイミングのずれは，企業が開通を予測して立地場所を決めるという効果（予測効果）が生じる余地を小さくすると考えられるため，得られた結果は都市間交通インフラが経済活動に及ぼす因果関係を正確にとらえている可能性が高い。

ただし，計画が明らかになった時点においてすでに，開通後に経済効果が見込まれる場所への立地が選択されている可能性は否定できず，自然災害を用いた本研究の識別戦略の方がより適切に因果関係をとらえている可能性が高い。他方で，彼らは旅客輸送コストを削減する新幹線開通の効果を分析しているのに対し，本研究では，旅客・貨物の両方の輸送コストの削減に役立つ高速道路の効果を分析している点で，両者は補完的な分析となっている。

最後に，Datta［2012］も本研究との関係が強い。彼は，インドにおける既存高速道路の質と幅の拡充が，中間財在庫の減少および仕入額が最も多い主要仕入先の変更につながったことを明らかにしている。われわれは，主要取引先以外の複数の仕入先と販売先に関する取引状況を分析している点で，より包括的に取引関係への影響を分析している点が異なる。

第3章　都市間交通インフラと企業間取引・企業パフォーマンス　　63

4 データと分析手法

（1）データ

　本研究で用いる主なデータは，2012年7月を第1回とし，以降4回にわたって行われたアンケート調査「震災復興企業実態調査」（復興調査）のうち，2013年8-9月に実施された第2回調査の個票データ，および調査回答企業に関して得られた企業属性データである。この調査は，東北大学大学院経済学研究科震災復興研究センターが東日本大震災後の東北地方に所在する企業の実態を把握するために，「地域産業復興調査研究プロジェクト」の一環として実施したものである。著者たちは同プロジェクトメンバーとして調査設計段階からその実施に関わった。

　調査の対象となった企業は，㈱東京商工リサーチ（以下「TSR」）のデータベースである「企業情報ファイル」に収録されている被災地3県1市（岩手県，宮城県，福島県と，青森県八戸市）に本社を持つ56,101社のうち，企業規模と企業立地（沿岸部と内陸部）別の層化抽出により選定された企業である[5]。2012年7月に実施された第1回調査では，層化抽出された3万社に対して郵送により調査票を配布し，7,119社から回答が得られた（回答率23.7%）。2013年8-9月の第2回調査では，第1回調査で回答が得られた企業のうち，2013年度も存続している企業6,983社に加え，新たに層化抽出により選定された23,017社を調査対象とした。この結果，両者合わせて7,481社から回答が得られた[6]。

　分析対象となるのは，このうち，①それぞれの回帰分析で使用する変数がすべて存在する，②震災後に本社を移転していない，③調査回答で特定された住所上で本社が被災地3県1市（岩手県，宮城県，福島県と，青森県八戸市）に所在する，という3条件をすべて満たす企業である。条件②を用いた理由は，事後的な企業の立地選択の影響を取り除く必要があるためである。条件③は，TSR企業情報ファイル上の本社所在地情報を用いて被災地3県1市に所在する企業を調査対象としたにもかかわらず，調査に対する回答から得られた本社住所では東北3県1市以外とされた企業が一部存在したので，地域属性をコントロールするために課したものである。サンプル数は定式化によって異なるが，

最も代表的なサンプル数としては，第1位仕入先の情報が得られる企業数が4,377，震災後の取引継続状況が判明している総取引（企業ペア）数が20,577である。

図表3-1は，分析対象となる企業の本社の所在地を地図上に示している。丸の区間は，常磐道の閉鎖区間を示す。図表3-2は，仕入先・販売先企業の所在地を示しており，三角は取引関係が「非継続」（「中断後再開」または「取引途絶」）となった取引先，丸は取引関係が「継続」した取引先を示す。いずれも，全国に広く分布していることがわかる。

図表3-1 本社立地

注：太線は，2014年時点の高速道路。◯は常磐道の閉鎖区間。
出所：第2回「震災復興企業実態調査」に基づき，著者作成。

図表3-2　取引先の立地

注：●は継続取引先，▲は非継続取引先。
出所：第2回「震災復興企業実態調査」に基づき，著者作成。

(2) 変　数

　本節では，分析に用いる主要な変数について説明する。他のコントロール変数を含むすべての変数の説明とその記述統計量は，図表3-3を参照されたい。

　まず，震災後の取引状況を示す指標としては，「継続ダミー」を用いる。この変数は，震災後の2013年8－9月の調査時点において，取引関係が継続していれば1，一時中断後再開したか，あるいは調査時点で取引が途絶している場合（「非継続」の場合）には0を取るダミー変数である。復興調査では，回答企業それぞれについて，震災前の主要仕入先・販売先最大各3社に関して取引の継続状況を尋ねている。このため，継続ダミーを定義できる企業ペアは，1

図表3-3　変数一覧

変数名	概要	観測値数	平均	ミディアン	標準偏差	最小値	最大値
自社変数							
自社被害ダミー	被害あり=1, なし=0	4,235	0.750	1	0.433	0	1
激甚地域ダミー	激甚災害法指定地域に所在=1, それ以外=0	4,377	0.694	1	0.461	0	1
津波地域ダミー	津波浸水地域に所在=1, それ以外=0	4,377	0.0932	0	0.291	0	1
原発被害地域ダミー	原発から半径20キロ以内に所在=1, それ以外=0	4,377	0.00548	0	0.0739	0	1
震災直前の業況	1非常に良い, 2よい, 3普通, 4悪い, 5非常に悪い	4,310	3.232	3	0.828	1	5
評点	TSRによる震災前の信用評点	4,374	50.72	50	5.075	32	72
社齢	2013年時点の創業時からの年数	4,188	33.01	33	15.77	3	114
従業員数_対数	従業員数（対数）	4,377	2.380	2.303	1.176	0	7.401
負債比率	負債/総資産, 上位1%でwinsorize。	2,888	0.812	0.713	0.698	0.000114	5.021
産業ダミー1	農林水産業・鉱業	4,377	0.0158	0	0.125	0	1
産業ダミー2	建設業	4,377	0.327	0	0.469	0	1
産業ダミー3	製造業	4,377	0.144	0	0.352	0	1
産業ダミー4	電気ガス熱供給水道業・情報通信業・運輸業	4,377	0.0605	0	0.239	0	1
産業ダミー5	卸売業	4,377	0.131	0	0.338	0	1
産業ダミー6	小売業	4,377	0.147	0	0.354	0	1
産業ダミー7	上記以外のサービス業	4,377	0.174	0	0.379	0	1
業況変化	業況感の震災直前から2013年7月時点の変化，プラスが改善。	4,282	0.197	0	1.247	−4	4
取引先変数							
取引先被害ダミー	被災あり=1, なし=0	19,731	0.343	0	0.475	0	1
取引関係変数							
継続ダミー	継続=1, 中断後再開あるいは途絶=0	20,577	0.914	1	0.280	0	1
迂回ダミー	常磐道の閉鎖区間を迂回する必要のある取引=1, それ以外=0	20,577	0.00680	0	0.0822	0	1
迂回時間率	迂回時間÷常磐道を通る時間（迂回の必要がない場合=0）	20,577	0.000570	0	0.00834	0	0.304
取引年数（対数）	取引年数（対数値）	18,274	2.762	2.996	0.865	−0.288	4.605
距離	距離（km）	19,612	115.6	31.48	175.0	0	1,758
距離（対数）	（距離（km）+0.001）の対数値	19,612	3.498	3.449	1.751	−6.908	7.472
輸送時間変数（迂回ありの取引関係に限定）							
常磐道時間	常磐道閉鎖前の時間（分）	143	235.0	231	100.1	115	485
迂回時間（分）	迂回によって生じる追加的な時間（分）	143	16.88	14	10.47	1	57
迂回時間率	迂回時間÷常磐道を通る時間	143	0.0829	0.0719	0.0569	0.00391	0.304

出所：第2回「震災復興企業実態調査」等に基づき，著者作成。

企業について最大6となる。

　次に，常磐道の区間閉鎖による時間距離の増加割合を示す「迂回時間率」に

ついて説明する。同変数の構築にあたっては，まず，Google Mapを用いて，東北地方と茨城県・千葉県の太平洋に面する各市区町村について，常磐道の閉鎖区間を挟む南北のペアをすべて作り，各ペアについて，常磐道を通る場合と東北道を迂回する場合の時間を計測した（以下，それぞれ，「常磐道時間」「東北道時間」と呼ぶ）。次に，この市区町村間の時間距離情報と，復興実態調査から得られる本社および取引先の住所情報とをマッチさせ，各企業の取引先ごとに「常磐道時間」と「東北道時間」を作成する。最後に，両者の差を取った上で「常磐道時間」に対する比率を計算し「迂回時間率」とした。なお，常磐道の閉鎖区間を挟まない取引ペアの「迂回時間率」はゼロとする。

最後に，企業パフォーマンスを示す指標として，復興調査における「業況変化」の項目に対する回答結果を用いる。復興実態調査では，震災直前時点と調査時点（2013年7月）のそれぞれについて，5段階で業況感を調べている（1非常に良い，2よい，3普通，4悪い，5非常に悪い）。企業パフォーマンス変数は，当該調査時点（震災後）の業況感から震災直前時点の業況感を引いた上で，符号を反転させたものを用いる。したがって，震災後に業況感が改善した企業はプラス，悪化した企業はマイナスの値をとる。

図表3-3からこれらの主要変数の記述統計量を確認すると，まず，「継続ダミー」の平均値は91.4％であり，「非継続」の割合が全取引の8.6％であることがわかる。次に，迂回時間が正である取引関係（企業ペア）の割合は，全取引の0.7％である。迂回時間が正の取引関係に限った時間距離を見ると，区間閉鎖前の常磐道経由の移動時間は平均で235分，迂回した場合の追加時間は同16.9分であり，「迂回時間率」は同8.3％である。最後に，「業況変化」は平均0.197で，業況はやや改善傾向にあるものの，標準偏差は1.247であり，ばらつきが大きいことがわかる。

(3) 推計手法

本章では二つの手順を踏んで分析を行う。第一段階では，常磐道の区間閉鎖による時間距離の増加が取引関係に及ぼす影響を分析する。具体的には，企業ペアごとに定義された「継続ダミー」を被説明変数とし，「迂回時間率」を主な説明変数としたプロビットモデルを推計する。その際には，被災状況，企業

規模などを含むさまざまな企業属性，取引先企業の被災状況，取引先との距離や震災直前時点における取引年数，自社の産業ダミーなどをコントロール変数として説明変数に追加する。

次に，分析の第二段階では各取引先との取引中断・途絶が企業パフォーマンスに及ぼす影響を調べる。この分析では，傾向スコアマッチングによる差の差（DID: difference-in-differences）検定の手法を用いる。傾向スコアマッチングではまず企業ペアごとに，「非継続ダミー」（「非継続」であれば1をとり，「継続」であれば0をとるダミー）を被説明変数とし，説明変数として「迂回時間率」，自社と取引先の被災状況を示す変数（自社については，被災関係の地域ダミー含む），および自社の産業ダミーを用いるプロビットモデルを推計し，各取引先の非継続確率の推計値（スコア）を求める[7]。次に，実際に非継続となったペアのスコアと最もスコアが近いペアを継続ペアの中から対照群ペアとして選ぶ。最後に，処置群（非継続ペアの自社企業）と対照群（対照群ペアの自社企業）で業況感の震災前後での変化（DID）を比較する。

5 推計結果

（1）取引継続に関する記述統計

プロビットモデルによる推計を行う前に，迂回なしの取引関係と迂回ありの取引関係に分けて，震災後の取引状況を見てみよう。図表3-4によると，迂回なしの取引関係では継続割合が91.3%なのに対し，迂回ありの取引関係では継続割合は83.3%とやや低い。この差が統計的に有意な差であるかどうかを検定するために，震災後の取引状況の分布が迂回の有無で異なるかどうかを，カイ二乗検定によって検定すると，両者の分布は統計的に有意に異なることがわかった。

次に，図表3-5では，仕入先および販売先の順位ごとに取引継続状況を示している。この結果を見ると，仕入先3位および販売先3位において，迂回ありの取引継続割合が，迂回なしの取引継続割合に比べて，有意に低いことがわかる。これは，取引順位の低い取引関係ほど，一時中断あるいは途絶される傾向にあることを示唆している。

最後に，図表3-6は，取引継続状況を産業別に示している。サンプル数が

図表3-4　全取引の取引状況

取引状況	迂回なし	迂回あり	合計
継続	19,200 91.31	120 83.33	19,320 91.25
非継続	1,828 8.69	24 16.67	1,852 8.75
合計	21,028 100	144 100	21,172 100
カイ二乗値	11.3913		
限界有意水準	0.001		

注：上段は取引数，下段は各列合計に対する割合。
出所：第2回「震災復興企業実態調査」等に基づき，著者作成。

図表3-5　仕入先・販売先順位別の取引状況

仕入先1位

取引状況	迂回なし	迂回あり	合計
継続	4,118 92.27	36 92.31	4,154 92.27
非継続	345 7.73	3 7.69	348 7.73
合計	4,463 100	39 100	4,502 100
カイ二乗値	0.0001		
限界有意水準	0.993		

仕入先2位

取引状況	迂回なし	迂回あり	合計
継続	3,737 92.32	17 89.47	3,754 92.3
非継続	311 7.68	2 10.53	313 7.7
合計	4,048 100	19 100	4,067 100
カイ二乗値	0.2152		
限界有意水準	0.643		

仕入先3位

取引状況	迂回なし	迂回あり	合計
継続	3,427 92.2	22 78.57	3,449 92.1
非継続	290 7.8	6 21.43	296 7.9
合計	3,717 100	28 100	3,745 100
カイ二乗値	7.0891		
限界有意水準	0.008		

販売先1位

取引状況	迂回なし	迂回あり	合計
継続	2,931 90.71	19 82.61	2,950 90.66
非継続	300 9.29	4 17.39	304 9.34
合計	3,231 100	23 100	3,254 100
カイ二乗値	1.7719		
限界有意水準	0.183		

販売先2位

取引状況	迂回なし	迂回あり	合計
継続	2,609 90.15	13 81.25	2,622 90.1
非継続	285 9.85	3 18.75	288 9.9
合計	2,894 100	16 100	2,910 100
カイ二乗値	1.4141		
限界有意水準	0.234		

販売先3位

取引状況	迂回なし	迂回あり	合計
継続	2,378 88.9	13 68.42	2,391 88.75
非継続	297 11.1	6 31.58	303 11.25
合計	2,675 100	19 100	2,694 100
カイ二乗値	7.9241		
限界有意水準	0.005		

出所：第2回「震災復興企業実態調査」等に基づき，著者作成。

図表3-6 産業別の取引状況

1. 農業・鉱業

取引状況	迂回なし	迂回あり	合計
継続	286	0	286
	91.08	0	90.79
非継続	28	1	29
	8.92	100	9.21
合計	314	1	315
	100	100	100
カイ二乗値	9.8935		
限界有意水準	0.002		

2. 建設業

取引状況	迂回なし	迂回あり	合計
継続	6,348	24	6,372
	93.48	96	93.49
非継続	443	1	444
	6.52	4	6.51
合計	6,791	25	6,816
	100	100	100
カイ二乗値	0.2604		
限界有意水準	0.61		

3. 製造業

取引状況	迂回なし	迂回あり	合計
継続	2,988	31	3,019
	90.05	83.78	89.99
非継続	330	6	336
	9.95	16.22	10.01
合計	3,318	37	3,355
	100	100	100
カイ二乗値	1.5965		
限界有意水準	0.206		

4. 電気ガス熱供給水道業・情報通信業・運輸業

取引状況	迂回なし	迂回あり	合計
継続	1,192	12	1,204
	87.65	63.16	87.31
非継続	168	7	175
	12.35	36.84	12.69
合計	1,360	19	1,379
	100	100	100
カイ二乗値	10.1424		
限界有意水準	0.001		

5. 卸売業

取引状況	迂回なし	迂回あり	合計
継続	2,686	25	2,711
	90.07	86.21	90.04
非継続	296	4	300
	9.93	13.79	9.96
合計	2,982	29	3,011
	100	100	100
カイ二乗値	0.4787		
限界有意水準	0.489		

6. 小売業

取引状況	迂回なし	迂回あり	合計
継続	2,160	13	2,173
	91.72	81.25	91.65
非継続	195	3	198
	8.28	18.75	8.35
合計	2,355	16	2,371
	100	100	100
カイ二乗値	2.2761		
限界有意水準	0.131		

7. サービス業

取引状況	迂回なし	迂回あり	合計
継続	3,036	12	3,048
	91.53	92.31	91.53
非継続	281	1	282
	8.47	7.69	8.47
合計	3,317	13	3,330
	100	100	100
カイ二乗値	0.0101		
限界有意水準	0.92		

出所:第2回「震災復興企業実態調査」等に基づき,著者作成。

少ない農業・鉱業を除くと,「電気ガス熱供給水道業・情報通信業・運輸業」において,迂回ありの取引関係は,迂回なしの取引関係に比べて,継続割合が有意に低い。表は割愛するが,この業種について,さらに細かい産業分類で見ると,とくに道路貨物運送業において,高速道路途絶の影響が大きいことがわかる(迂回なしの取引継続割合は88.4%,迂回ありでは同60.0%)。

(2) 取引継続確率の推計結果

「継続ダミー」を被説明変数,「迂回時間率」を主な説明変数とするプロビットモデルの推計結果は図表3-7に示されている。以下,図表3-7および図表3-8の係数はすべて,各説明変数が平均値をとる場合の限界効果である[8]。

図表3-7の(1)列から(3)列は,仕入先1～3位,販売1～3位のすべての取引先を分析サンプルとする推計で,(1)列は,説明変数にコントロール変数を含まないケース,(2)列は,自社と取引先の被災関係の変数(自社については,被災関係の地域ダミー含む)および産業ダミーのみをコントロール変数として含むケース,(3)列は,すべてのコントロール変数を含むケースである。いずれのケースでも,「迂回時間率」の限界効果はマイナスであり,統計的に有意な水準でゼロと異なる。このことは,常磐道の区間閉鎖による迂回が,取引継続確率に負の影響を及ぼしたことを示している。

この負の影響は経済的にどの程度の大きさなのだろうか。「迂回時間率」の限界効果の大きさを,コントロール変数をすべて含む(3)列で見ると,-0.388である。迂回を強いられた取引関係における迂回時間率の1標準偏差は0.057であるため,この限界効果は迂回時間率が1標準偏差(5.7%ポイント)高まると,震災後約2年5ヶ月後の2013年8－9月時点における取引継続確率が2.2%ポイント低下することを示している。本サンプルにおける取引継続企業ペアの比率は91.4%であるため,2.2%の低下は経済的にも無視し得ない効果だといえる。

なお,コントロール変数の影響についてみてみると,(2)列では自社被害ダミー,激甚地域ダミー,津波地域ダミー,原発被害地域ダミー,取引先被害ダミーがすべて負で有意である。このうち取引先被害ダミーと自社被害ダミーの係数の絶対値を見ると,それぞれ8.9%,1.7%であり,取引先被災ダミーの方

図表3-7 取引継続に関するプロビットモデルの推計結果

列番号	(1)	(2)	(3)
迂回時間率	−0.677***	−0.420**	−0.388*
	(−3.300)	(−2.190)	(−1.827)
自社被害ダミー		−0.0171**	−0.0204**
		(−2.528)	(−2.485)
激甚地域ダミー		−0.0125*	−0.0129*
		(−1.913)	(−1.655)
津波地域ダミー		−0.0577***	−0.0440***
		(−4.921)	(−3.186)
原発被害地域ダミー		−0.274***	−0.220**
		(−4.446)	(−2.270)
取引先被害ダミー		−0.0886***	−0.0929***
		(−15.24)	(−13.05)
負債比率			−0.00515
			(−1.022)
震災直前の業況			−0.00280
			(−0.630)
評点			0.00195**
			(2.312)
社齢			−0.000183
			(−0.787)
従業員数（対数）			0.00432
			(1.212)
取引年数（対数）			0.0284***
			(8.070)
距離（対数）			−0.00238
			(−1.404)
仕入先2位ダミー			0.000865
			(0.162)
仕入先3位ダミー			−0.000622
			(−0.113)
販売先1位ダミー			−0.0122*
			(−1.752)
販売先2位ダミー			−0.0173**
			(−2.405)
販売先3位ダミー			−0.0242***
			(−3.208)
産業ダミー	なし	あり	あり
観測値数	20,577	19,153	11,316
疑似決定係数	0.001	0.072	0.107

注：上段は限界効果，下段（ ）内は，企業レベルのクラスターに頑健な z 統計量。
***$p<0.01$，**$p<0.05$，*$p<0.1$
出所：筆者作成。

が大きい。自社被害よりも取引先被害の方が，取引継続確率の低下につながることがわかる。また(3)列からは，取引先被害および自社被害関連の変数に加えて，自社の評点と取引年数がともにプラスで有意であることがわかる。評点がよい企業ほど，また，当該取引先との取引年数が長いほど，取引が継続する確率が高まるという自然な結果が得られている。

仕入先・取引先ダミーの係数は，仕入先1位を基準とした（取引相手が仕入先1位の場合と比べて）当該取引先との継続確率の差を示している。この中では，販売先1位，同2位，同3位が負で有意であり，係数の絶対値は販売先3位が最も大きく，販売先1位が最も小さい。仕入先よりも販売先，そのなかでも，順位の低い取引先ほど，継続確率が低くなることがわかる。これら以外のコントロール変数，すなわち，取引先との距離（対数），負債比率，震災直前の業況，社齢，従業員数（対数），および，産業ダミー（表は省略）は，いずれも有意ではない。

(3) 仕入・販売先順位別の取引継続確率

前項（2）では，すべての企業ペアをプールしたサンプルを用いていたが，本節では，仕入先・販売先の取引順位ごとにサンプルを分割して，「迂回時間率」が取引継続確率に及ぼした影響を推計する。

図表3-8の(1)列から(6)列は，それぞれ，仕入先1位，2位，3位，販売先1位，2位，3位のみのサンプルについて，「継続ダミー」を被説明変数，「迂回時間率」を主な説明変数とするプロビットモデルの推計結果を示している。なお，被説明変数の各取引先との「継続ダミー」は，他の取引先との継続状況にかかわらず，当該取引先との継続状況のみに着目した変数である。説明変数には，「迂回時間率」以外に，前掲図表3-7(3)列で用いたコントロール変数がすべて含まれている。

得られた結果を見ると，「迂回時間率」が負で有意なのは，取引先が販売先3位である場合のみである[9]。今回の常磐道の区間閉鎖の事例では，東北道による迂回ルートが確保されていたため，迂回による追加時間が平均16分（もとの常磐道ルートの所要時間に対する迂回時間比率は平均8.3%）と，比較的短い時間距離であったことが，販売先3位以外の取引関係に影響を及ぼさなかっ

図表3-8 取引継続確率に関するプロビットモデルの推計結果：仕入先・販売先順位別

列番号 仕入・販売先順位	(1) 仕入先1位	(2) 仕入先2位	(3) 仕入先3位	(4) 販売先1位	(5) 販売先2位	(6) 販売先3位
迂回時間率	−0.245 (−0.858)		−0.382 (−1.554)	0.552 (0.828)	−0.291 (−0.406)	−3.465** (−2.495)
自社被害ダミー	−0.0259** (−2.371)	−0.0118 (−0.954)	−0.0118 (−0.904)	−0.0250 (−1.640)	−0.0259 (−1.572)	−0.0219 (−1.197)
激甚地域ダミー	−0.0184* (−1.901)	−0.0116 (−1.048)	−0.0183 (−1.601)	−0.00884 (−0.620)	0.00770 (0.504)	−0.0245 (−1.418)
津波地域ダミー	−0.0178 (−1.272)	−0.0359** (−2.175)	−0.0268* (−1.705)	−0.0688*** (−3.114)	−0.0838*** (−3.509)	−0.0392 (−1.577)
原発被害地域ダミー	−0.227** (−2.115)	−0.137 (−1.360)	−0.219** (−2.044)	−0.266* (−1.649)	−0.289 (−1.610)	−0.187 (−0.934)
取引先被害ダミー	−0.0908*** (−8.763)	−0.0840*** (−7.251)	−0.105*** (−8.281)	−0.0866*** (−6.552)	−0.100*** (−6.817)	−0.0913*** (−5.806)
負債比率	−0.00605 (−1.059)	−0.00384 (−0.609)	−0.000654 (−0.0942)	−0.00260 (−0.315)	−0.0111 (−1.305)	−0.00599 (−0.499)
震災直前の業況	−0.00867* (−1.714)	−0.00291 (−0.489)	−0.00269 (−0.471)	0.0113 (1.501)	−0.00130 (−0.172)	−0.0145 (−1.586)
評点	0.00262** (2.564)	0.00208* (1.918)	0.00161 (1.359)	0.00131 (0.832)	0.00202 (1.333)	0.000872 (0.493)
社齢	−0.000280 (−0.994)	−0.000364 (−1.138)	−9.14e−05 (−0.315)	−0.000458 (−1.063)	−1.15e−05 (−0.0270)	0.000349 (0.683)
従業員数（対数）	−0.00473 (−1.172)	0.00484 (1.012)	0.000595 (0.129)	0.0140** (2.126)	0.0101 (1.561)	0.0122 (1.515)
取引年数（対数）	0.0273*** (5.202)	0.0232*** (3.931)	0.0243*** (4.269)	0.0240*** (2.813)	0.0301*** (3.708)	0.0366*** (4.246)
距離（対数）	0.00331 (1.377)	0.000791 (0.269)	0.00194 (0.657)	−0.00798** (−2.149)	−0.0115*** (−3.174)	−0.00496 (−1.104)
産業ダミー	あり	あり	あり	あり	あり	あり
観測値数	2,330	2,141	1,977	1,775	1,602	1,481
疑似決定係数	0.141	0.0903	0.138	0.0889	0.132	0.103

注：上段は限界効果，（ ）内は，企業レベルのクラスターに頑健な z 統計量。
$***p<0.01$，$**p<0.05$，$*p<0.1$
出所：筆者作成。

た一因かもしれない。販売先3位の場合,「迂回時間率」の限界効果は−3.47であり,迂回時間率が4.2％ポイント(迂回を強いられた販売先3位企業との取引関係における迂回時間率の1標準偏差)高まると,震災後2年5ヶ月後の2013年8−9月時点における取引継続確率が14.5％ポイント低下することを示している。これは,取引先全体の平均結果よりもかなり大きく,前節で示した全体の結果は,主に販売先3位の結果に起因していることを示唆している。

こうした取引の中断・途絶は,企業のパフォーマンスにも影響を及ぼしただろうか。仮に販売先3位との取引の非継続によって,その売上シェア(8.8％)分がすべて減少すると仮定すると,迂回時間率の1％の上昇による売上変化率(弾力性)は−0.30(=限界効果−3.47×売上シェア0.088)である。販売先3位との迂回時間率は,迂回時間が正の場合に限ると平均5.6％なので,迂回時間率ゼロの場合に比べて,迂回時間の正の企業は,平均1.7％(=5.6％×0.30)売上が減少したと推計される。もちろん,実際にはいったん中断した取引が復活したり,代替的な取引先が確保できたりするケースもあるため,上記の試算はマイナスの影響を過大に見積もっている可能性は否定できない。しかし,取引の途絶・中断が企業の売上に対して無視し得ないインパクトを及ぼしている可能性は高い。そこで,次項では取引の中断・途絶が実際に企業パフォーマンスに影響したかどうかについて,データを用いて直接検証する。

(4) 企業パフォーマンスへの影響

これまでの分析結果は,常磐道の区間閉鎖によって移動時間が増加したことが,当該取引先,とりわけ販売先3位との取引の継続を困難にしたことを示している。本節では,取引の中断ないし途絶が,企業パフォーマンスに影響を与えたかどうかを分析する。具体的には,第4節(3)で説明したように,取引が「非継続」となった企業ペアを処置群,「継続」の企業ペアを対照群として,傾向スコアマッチングによってサンプルを抽出し,企業の「業況変化」に関するDID分析を行う。

このDIDの推計結果は図表3−9に示されている。得られた結果によると,仕入先1位から3位との取引の「非継続」は業況悪化には有意につながっていない。これに対して,販売先1位から3位との取引の「非継続」は,いずれも

図表3-9 取引状態が業況に及ぼす影響に関するDID分析（非継続対継続）

	(1) 仕入先1位	(2) 仕入先2位	(3) 仕入先3位	(4) 販売先1位	(5) 販売先2位	(6) 販売先3位
DID	−0.0507 (−0.641)	0.0383 (0.464)	−0.0546 (−0.571)	−0.287*** (−3.381)	−0.186** (−2.075)	−0.180** (−2.206)
観測値数	3,985	3,599	3,304	2,904	2,601	2,415

注：上段はDID効果，（　）内は，Abadie-Imbensの標準誤差に基づくz値。
***$p<0.01$, **$p<0.05$, *$p<0.1$
出所：筆者作成。

業況悪化に有意につながっている。また，その絶対値は，販売先1位から順に大きいこともわかる。

　この結果に基づいて，本研究の主題である「都市間交通インフラの途絶に起因する企業パフォーマンスに対する影響」を評価するためには，前項（図表3-8）の結果も踏まえた検討を行えばよい。前項では，常磐道の区間閉鎖は，取引先，とくに販売先3位との関係継続に対して負の影響を及ぼすことがわかった。本項では，販売先との関係途絶が企業パフォーマンスを悪化させるという結果が得られた。二つの結果を合わせると，常磐道の区間閉鎖は，販売先3位との継続確率を有意に低下させ，その結果として企業の業績悪化をもたらす，と結論付けることができる。一方で，常磐道の区間閉鎖は，販売先1位2位との継続確率に有意な影響をもたらしていない。したがって，これら1位2位販売先との取引非継続による業績悪化は，外生的なショックによる取引非継続の影響なのか，それ以外の理由によるものかはわからない。

6 本章のまとめと政策的示唆

　本章では，都市間交通インフラの整備あるいは閉鎖が，企業間の取引，ひいては企業パフォーマンスに影響を及ぼすかどうかを，東日本大震災による常磐道の区間閉鎖という外生的なショックの影響を分析することによって検証した。この分析の特徴は，震災による高速道路の閉鎖という，企業の立地選択や取引関係にとって純粋に外生的な移動コストの増加（ショック）に注目することで，これまでにはない形で都市間交通インフラの企業間取引への影響を識別した点にある。

　得られた結果は，以下の通りである。

　第一に，常磐道の区間閉鎖前に比べて閉鎖後の迂回による追加的移動時間の割合が大きい企業ペアほど，企業間取引を継続する確率が有意に低下していた。また，迂回時間割合が取引継続確率に及ぼした影響を，仕入先と販売先の1位から3位の順位別に分析すると，販売先3位の場合において，取引継続確率が有意に低下することが示された。

　第二に，販売先との取引の中断・途絶は，企業の業況感に対して，有意に負の影響を及ぼすことがわかった。この結果を第一の結果と合わせると，常磐道の区間閉鎖は，販売先3位との継続確率を有意に低下させ，その結果として企業の業績悪化をもたらす，と結論付けることができる。この影響は経済的にも無視し得ない。仮に，取引の中断・途絶によって，当該企業の売上が販売先3位の売上シェア分だけ減少すると仮定すると，迂回時間割合の1％の上昇は，売上の0.3％の減少につながると試算される。この結論は逆に，高速道路が整備されていることによって企業間取引は促進されており，企業パフォーマンスの改善がもたらされている可能性が高いことを示唆している。

　本稿の分析にはいくつかの課題も残されている。第一に，取引の中断を強いられた企業は，新しい取引先を見つけられたのか，また，そのことによって，パフォーマンスの悪化はどの程度食い止められたのか，といった企業間取引のよりダイナミックな関係に関する分析が望まれる。こうした分析を組み合わせると，高速道路の閉鎖による企業間取引への影響を，より包括的に分析できる。

第二に，高速道路の閉鎖が企業間取引を通じて企業活動に及ぼすインパクトのマクロ的な評価が望まれる。本研究では，企業パフォーマンスの指標として企業の業況感の変化を用いたため，集計してマクロ的な効果を求めることが困難であった。これに対し，売上や生産性などのパフォーマンス指標を用いることができるならば，マクロ的な集計が可能になり，高速道路の金銭的な総便益を測定して整備費用と比較することも可能となる。今後はこうした点に関して，さらなる分析が必要とされる。

▶注

1 本研究では，インフラ整備による事業活動への直接的な影響を対象とし，インフラ整備によって企業の集積が生じて経済活動が活発化する等の間接的な効果は対象としない。
2 既存研究と本研究の貢献については第3節参照。
3 常磐道と並行して走る国道6号線の近隣区間も原発規制のために閉鎖され，2014年9月15日に福島県富岡町から双葉町までの区間が復旧し，ようやく全線通行可能となった。
4 より包括的なインフラの経済的効果に関するレビューは，Gramilch [1994]，Melo, Graham & Brage-Ardao [2013]，Redding & Turner [2015]，関 [2016] を参照されたい。なお，郊外化に関する研究では，高速道路が中心都市の人口減少に寄与したことが示されている（Baum-Snow [2007]；Garcia-López, Holl & Viladecans-Marsal [2015]）。
5 2009年経済センサスにおいて，当該地域所在企業は73,359社であり，TSRの企業情報ファイルのカバー率は非常に高い。
6 第1回および第2回調査の詳細については西山・増田・大澤 [2013, 2014] を参照のこと。
7 このプロビットモデルの推計は第一段階のプロビットモデルの推計（図表3-7（2）列）と同様の定式化である。ただし，ここではサンプルを取引先順位別に分けて推計している。
8 ダミー変数の場合は，0から1への変化に伴う推定継続確率の変化を示す。
9 仕入先2位については，「迂回時間率」が正のサンプルはすべて「継続ダミー」が1となるため，「迂回時間率」の係数が推計できない。このため，説明変数から「迂回時間率」を落とし，また，サンプルから「迂回時間率」が正の10サンプルを落とした結果を示している。

▶参考文献

関麻衣［2016］「包摂的成長を目指して：インフラのインパクト評価に関する先行研究レビュー」JICA 研究所開発協力研究レビュー4，1-16。

西山慎一・増田聡・大澤理沙［2013］「被災地企業の基本情報と被災状況」東北大学大学院経済学研究科地域産業復興調査研究プロジェクト編『東日本大震災復興研究Ⅱ　東北地域の産業・社会の復興と再生への提言』第１章，河北新報出版センター。

西山慎一・増田聡・大澤理沙［2014］「被災地企業の復興状況」東北大学大学院経済学研究科地域産業復興調査研究プロジェクト編『東日本大震災復興研究Ⅲ　震災復興政策の検証と新産業創出への提言』第１章，河北新報出版センター。

Banerjee. A., Duflo, E. & Qian, N.［2012］"On the Road: Access to Transportation Infrastructure and Economic Growth in China." NBER WP 17897.

Baum-Snow, N.［2007］"Did Highways Cause Suburbanization?" *Quarterly Journal of Economics*, 122(2), 775-805.

Bernard, A. B., Moxnes, A. & Saito, Y. U.［2016］"Production Networks, Geography, and Firm Performance." RIETI DP 16-E-055.

Chandra, A. & Thompson, E.［2000］"Does Public Infrastructure Affect Economic Activity? Evidence the Rural Interstate Highway System." *Regional Science and Urban Economics*, 30, 457-490.

Coşar, A. K. & Demir, B.［2016］"Domestic Road Infrastructure and International Trade: Evidence from Turkey." *Journal of Development Economics*, 118, 232-244.

Datta, S.［2012］"The Impact of Improved Highways on Indian Firms." *Journal of Development Economics*, 99 (1), 46-57.

Donaldson, D.［2018］"Railroads of the Raj: Estimating the Impact of Transportation Infrastructure." *American Economic Review*, 108, 898-934.

Duranton, G. & Turner, M. A.［2012］"Urban Growth and Transportation." *Review of Economic Studies*, 79, 1407-1440.

Ghani, E., Goswami, A. G. & Kerr, W. R.［2015］"Highway to Success in India: The Impact of the Golden Quadrilateral Project for the Location and Performance of Manufacturing." *The Economic Journal*, 1-41.

Garcia-López, M-Á, Holl, A. & Viladecans-Marsal, E.［2015］"Suburbanization and highways in Spain when the Romans." *Journal of Urban Economics*, 85, 52-67.

Gramlich, E. M.［1994］"Infrastructure Investment: a Review Essay." *Journal of*

Economic Literature, 32(3), 1176-1196.
Holl, A. [2016] "Highways and Productivity in Manufacturing Firms." *Journal of Urban Economics*, 93, 131-151.
Inoue, H., Nakajima, K. & Saito, Y. U. [2017] "The Impact of the Opening of High-Speed Rail on Innovation." RIETI DP 17-E-034.
Melo, P. C., Graham, D. J. & Brage-Ardao, R. [2013] "The Productivity of Transport Infrastructure Investment: A Meta-analysis of Empirical Evidence." *Regional Science and Urban Economics*, 43, 695-706.
Michaels, G. [2008] "The Effect of Trade on the Demand for Skill: Evidence from the Interstate Highway system." *Review of Economics and Statistics*, 90, 683-701.
Martincus, C. V. & Blyde, J. [2013] "Shaky Roads and Trembling Exports: Assessing the Trade Effects of Domestic Infrastructure Using a Natural Experiment." *Journal of International Economics*, 90, 148-161.
Redding, S. J. & Turner, M. A. [2015] "Transportation Costs and the Spatial Organization of Economic Activity." *Handbook of Regional and Urban Economics*, 5, 1339-1398.

（細野　薫・植杉　威一郎・内田　浩史・小野　有人・宮川　大介）

第 4 章

高速道路整備と事業所のパフォーマンス

新東名高速道路開通による事業所の生産・輸出への影響

[本章のねらい]
　高速道路整備による移動時間の短縮やアクセス性の向上が，企業の生産活動や輸出活動にどのような影響をもたらしているかを明らかにするため，『工業統計調査』の個票データを活用して，事業所レベルでの分析を行う。

[本章を通じてわかったこと]
　新東名高速道路の開通により，静岡県では新東名高速道路沿線のみならず東名高速道路沿線に立地する事業所の生産性も向上するなど広域的な効果が確認される。また，新東名高速道路沿線に立地する事業所の輸出可能性が高まっている。

[政策的な示唆・メッセージ]
　大規模インフラ・プロジェクトにおいては，周辺地域への影響も含め広域的な影響を考慮することが必要である。また，ストック効果のより的確な計測に向けて，分析方法を工夫しつつ，ミクロ・データを積極的に活用していくことが重要である。

1 本章のねらいと概要

　インフラ整備の効果を定量的に明らかにすること，これは事業の意義や有効性を客観的に示す上で極めて重要な課題である。また，近年わが国においてもその重要性が指摘されている「エビデンスに基づく政策形成（evidence-based policy making）」の観点からも，施策の効果をより正確に測り，それを今後の政策形成に活かしていくことが求められている。

　インフラには，整備されたインフラが発揮するストックとしての効果（ストック効果）があり，移動時間の短縮，輸送費の低下等によって経済活動の生産性を向上させる生産面での効果や，アメニティの向上，衛生状態の改善，災害安全性の向上等の厚生面での効果がある（内閣府［2012］，国土交通省［2014］など）。これまで，学術的な観点から，全国レベルのデータや都道府県別データを用いて数多くのストック効果に関する研究が蓄積されてきた[1]。しかし，全国や都道府県レベルの集計されたマクロなデータだけでは，それがそのインフラ整備による純粋な効果なのかといった点や，個々の企業や個人などのミクロな経済主体に対して具体的にどのような効果をもたらしたのかを明確に把握することは難しい。

　こうした問題意識を踏まえ，本章では，経済産業省『工業統計調査』の個票データを利用して作成した事業所レベルのデータを用いて，インフラ整備が個々の事業所の経済活動に与える影響を定量的に検証する[2]。ここで着目するのは2012年4月に開通した新東名高速道路の効果である。具体的には，新東名高速道路の開通により，周辺に立地する事業所の生産性は向上したのか，また，輸出行動に変化があったのかを明らかにする。

　本章の構成は以下の通りである。第2節では本章の分析対象である新東名高速道路の概要および分析対象としての妥当性を述べ，新東名高速道路開通後の周辺市区町村の製造業の動向について確認する。第3節で分析に用いる事業所および高速道路に関するデータについて説明する。第4節では分析の方法と分析に利用するデータの詳細を解説する。第5節において分析結果について述べる。第6節がまとめである。

2 本章における分析対象

(1) 新東名高速道路の概要

　新東名高速道路は，神奈川県海老名市を起点とし，静岡県を経由して愛知県豊田市に至る高速自動車国道である（図表4-1）。東京から神奈川県，静岡県を経由して愛知県小牧市に至る太平洋側における物流面での大動脈となっている東名高速道路と並行する道路として計画され，2012年4月14日に静岡県御殿場市にある御殿場ジャンクション（以下「JCT」）から静岡県浜松市の浜松いなさJCTまでの静岡県区間が開通した[3]。そして2016年2月には，静岡県浜松市の浜松いなさJCTから愛知県豊田市の豊田東JCTまでの愛知県区間が開通している。残りの神奈川県区間（御殿場JCTから神奈川県海老名市の海老

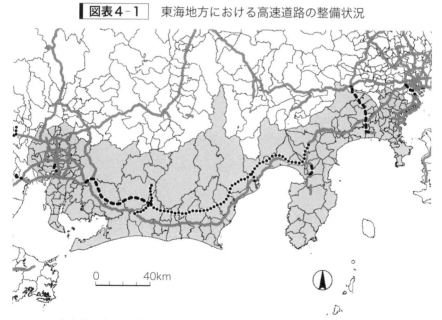

図表4-1　東海地方における高速道路の整備状況

――：2011年以前に供用開始，・・・：2012年供用開始，－－：2013年以降供用開始
出所：国土交通省国土政策局国土情報課『国土数値情報　ダウンロードサービス』
　　　提供の平成28年度GISデータより筆者作成。

名南JCTまでの区間）については，2020年度までに順次開通する予定となっている。

　この新東名高速道路は，混雑の激しい東名高速道路と交通を分担してその渋滞を解消し，定時制の確保等を通じて安定的な輸送網を確立することを目的としている。中日本高速道路株式会社のホームページに掲載されている資料によれば，2012年4月の静岡県区間の開通以降，開通5年間で延べ約1億4,000万台の車両が利用しており，東名と新東名の二つのルートが整備されたことで，御殿場JCTから東名高速道路の豊田JCT間の渋滞損失時間は，2011年から2016年までの間で約9割（約150万台・時間）も減少した[4]。そして，安定した運行の実現と所要時間の短縮により運送ドライバーへの負荷も軽減され，カーブや勾配の緩やかな構造から走行時の疲労軽減にもつながっているとの評価もなされている。

　また，静岡県の工場立地件数は，2011年から2016年で比較すると約2倍と全国で最も高い伸び率となっているほか，沿線自治体の市町村民税法人税の税収も全国での伸びを上回っており，地域経済にも寄与しているとされる。こうした経済的な効果に加え，新東名高速道路の整備には災害時等における多重性（リダンダンシー）の確保といった効果もあり，その整備効果は多様である。

（2）分析対象としての妥当性

　新東名高速道路は日本の陸上交通の大動脈の一つである東名高速道路と並行する高速道路であり，その開通によるインパクトはその沿線である神奈川県，静岡県，愛知県を中心として広範囲に及ぶ。しかし，この3県全域を考えるとすでに東名高速道路が整備されていた地域もあれば，新旧の高速道路双方から遠く離れている地域もあり，新東名高速道路の開通による影響は一様ではない。このため，開通した新東名高速道路沿線に立地している事業所とそれ以外の事業所とでは，開通前後の企業活動に違いが生じている可能性がある。

　そして，この違いを検証するにあたり，新東名高速道路の開通のほかに，これらの地域に立地する事業所の交通条件を大きく変化させるような大規模なインフラ整備のイベントが行われていないことは大きな利点となる。それは，新東名高速道路の開通による影響を受けた地域に立地する事業所とそれ以外の事

業所とを比較した場合，事業所の個別要因を取り除けば，その違いの主要因を新東名高速道路開通の影響ととらえることができるためである。

　施策の効果を正確に計測するためには，施策の対象となる人や地域をランダムに選び，施策の効果を受けた人や地域（処置群）と受けなかった人や地域（対象群）とを比較することが最も望ましい[5]。しかし，インフラ整備，とくに大規模なプロジェクトにおいて，このような実験を行うことは非現実的である。そこで，本章では，上記のような条件を持つ新東名高速道路とその周辺地域を対象とし，新東名高速道路開通の影響を受ける地域と受けていない地域の事業所のビフォー・アフターのデータを活用することで，高速道路の整備効果およびネットワーク化の効果を検証する。

（3）予備的な考察：市区町村レベルでの傾向

　事業所レベルのデータを用いた分析に入る前に，分析対象とする3県における市区町村レベルでの製造業の動向を確認しておこう。図表4－2，4－3は，経済産業省から『工業統計調査　市区町村編』として公表されている市区町村別データを用いて，2010年と2014年での各市区町村の製造業全体の製造品出荷額と労働生産性（製造品出荷額÷就業者）の変化率を，バブルチャートとして地図上に表したものである。円の大きさが変化率の大きさを表し，灰色であれば増加，黒色であれば減少したことを意味する。なお，円の中心は各市区町村役場に位置するように表示されている。

　図表4－2をみると，静岡県を中心に高速道路沿線市区町村では製造品出荷額が伸びている市区町村が多く，沿線から離れた市区町村では減少幅が大きいところが多いように見受けられる。このことは新東名の開通効果を示唆するが，これだけでは新東名開通による効果なのかどうかは明確ではない。また，沿線市区町村での製造品出荷額の伸びが，沿線から離れた市区町村からの事業所や生産拠点の移転によるものであるとすると，全体で見ればゼロサムになってしまっている可能性もあり，本来期待されるストック効果かどうかは不明である。

　労働生産性（図表4－3）についてみると，全体的に上昇している市区町村が多い。また，横浜や名古屋周辺の市区町村では労働生産性が上昇している市区町村が多く見られる。ただし，労働生産性については，製造品出荷額が落ち

図表4-2 2010年から2014年にかけての製造品出荷額伸び率（製造業計）

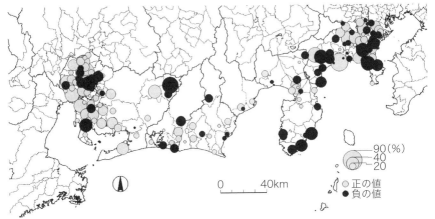

出所：経済産業省『工業統計調査　市区町村編』より筆者作成。

図表4-3 2010年から2014年にかけての労働生産性伸び率（製造業計）

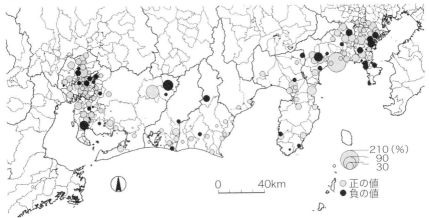

出所：経済産業省『工業統計調査　市区町村編』より筆者作成。

ていてもそれ以上に就業者が減少していれば上昇することになるため，やはりこのデータからだけでは新東名開通による効果は判然としない。

このため，新東名高速道路の整備により，どのようにその効果が発現しているのかをより詳細に把握し明らかにするためには，事業所の個票データを用い

た検証が必要となってくる。

3 事業所および高速道路に関するデータ

(1) 事業所データ

　近年，政府統計においては，個票データの利用が以前に比べて容易になってきており，また，パネル・データとしての利用を考慮した調査の設計やデータ提供も行われるようになってきている。本章では，2012年の新東名高速道路の開通前後の期間を考慮し，経済産業省『工業統計調査』の2009～2010年・2012～2014年の事業所の個票データおよび2011年の総務省・経済産業省『経済センサス─活動調査』の事業所の個票データより，神奈川県，静岡県，愛知県に所在する事業所の個票データを利用した。

　『工業統計調査』はわが国の製造業における従業者4人以上のすべての事業所を対象として毎年行われる調査である。個票データは，事業所の名称，住所，電話番号などの名簿情報を含む名簿データと，名簿情報に調査票の回答情報が加わった回答データで構成される。名簿データは従業者3人以下のような調査対象外の事業所の情報も含むので，名簿データに含まれる事業所数は回答データに含まれる事業所数を大きく上回る。

　同一事業所の個票データについては，経済産業省が作成したコンバータを利用して接続してパネル・データとした。このコンバータは連続する二つの年の事業所を接続することが可能である。ただし，1年以上回答の間隔が空いた個票データの接続はできない。このため，毎年回答していない事業所があることを想定して，事業所の名称，住所，電話番号等の情報を利用して確認・補正を行った。名簿データを利用して事業所データをパネル化した後，回答データを抽出し接続した。

　なお，『工業統計調査』では，従業者30人以上の事業所と29人以下の事業所では調査票が異なる。前者と比較して後者の調査事項は限定的であり，とくに有形固定資産を調査する年が限られている。このため，本章では，従業者30人以上の事業所（データ利用期間中の従業者が常に30人以上の事業所）の個票データのみを利用した。

（2）高速道路に関するデータ

① 高速道路整備による企業活動への影響

　次に，新東名高速道路開通の影響をどのように考慮するかについて説明する。高速道路整備が企業活動に与える効果の一つは，原材料や製品の輸送における移動時間の短縮である。企業は原材料を調達先から輸送し，それを用いて製品等を生産し他の企業や消費者へと出荷する。海外からの調達であれば，それは主に港湾を経由するはずであるし，国外へと製品を輸出する場合にはやはり港湾を経由して出荷される。このため，海外との貿易が行える主要港湾までの移動時間の短縮は企業の生産活動や輸出を考えた場合に重要な要素となると考えられる。

　もう一つの効果は，高速道路を使った消費地等へのアクセスの改善である。高速道路のインターチェンジ（以下「IC」）がすぐ近くにあれば，高速道路を使って定時制を確保しつつ短時間で原材料や製品等の輸送が行えるようになる。高速道路の整備は，それが整備された地域全般に移動時間の短縮というメリットをもたらすとともに，とくに高速道路にアクセスしやすいICの近くではそのメリットが発揮されると考えられる。

　また，その効果は，新しくICができた周辺の地域だけではなく，既存高速道路のIC周辺にももたらされるかもしれない。前述の中日本高速道路株式会社資料では，既存の東名高速道路と新東名高速道路によるダブルネットワークの効果が強調されており，新東名高速道路が開通したことによる効果は東名高速道路の混雑緩和にも影響している。このため，新東名高速道路の整備効果はより広範囲に及ぶ可能性がある。

　以上を踏まえ，本章では，高速道路整備の効果を，主要港湾までの時間短縮とICへのアクセスのしやすさという二つの側面から考慮する。

② 主要港湾までの所要時間

　総務省『日本統計年鑑』から2010年度における神奈川県，静岡県，愛知県にある港湾の輸出額を比較すると，最も輸出額が大きいのは名古屋港の8兆9,400億円，ついで横浜港の7兆1,030億円，3位が三河港の1兆6,760億円となっており，名古屋港と横浜港の輸出額は大きく突出している。このため，主要港湾

までの時間については，名古屋港および横浜港の二つを対象とし，各事業所が所在する市区町村の役場からこれらの港までの移動時間を考慮する。また，ICへのアクセスのしやすさについては市区町村に高速道路のICが存在するかどうか，または一定時間内でICにアクセスできるかどうかで考慮することとした。

港湾までの移動時間は，国土交通省が提供している「全国総合交通分析システム」(National Integrated Transport Analysis System，以下「NITAS」) を用いて，神奈川県，静岡県，愛知県の3県に所在する市区町村の各役場から横浜港，名古屋港までの最短時間を選択した場合の経路を検索し，その所要時間を用いる。NITASでは道路・鉄道・航空等の各モードを利用して地点間の経路探索や移動時間等の計測が可能であり，各時点における各モードの整備状況が反映されている。そのため，新東名高速道路開通以前では新東名高速道路が未整備な状態で検索が行われるが，開通後の時点では新東名高速道路が整備されている状態で最短ルートが選択されるため，地点間の移動時間に変化が生じる。

③ ICまでのアクセシビリティ

ICへのアクセスのしやすさについては，ICの有無やICまでの時間で自治体を三つのグループに分けることにより考慮する。具体的には，①新東名高速道路の開通により新たにICが整備された市区町村，もしくは当該ICに一定時間内にアクセスできる市区町村 (以下「新東名沿線」)，②東名高速道路等既存の高速道路のICが存在，もしくは一定時間内にアクセスできる市区町村 (以下「既存高速道路沿線」)，③高速道路のICがなく，一定時間内では最寄りのICにアクセスできない市区町村 (以下「その他市区町村」) の三つである[6]。グループの分け方によって分析結果に変化が見られるかどうかも考慮するため，ICが存在するかどうかで区分した場合 (区分A)，20分以内で最寄りのICにアクセスできる場合 (区分B)，30分以内でアクセスできる場合 (区分C) の三つのケースを考慮する。それぞれの時間内に市区町村役場からICまでにアクセスできるかどうかはNITASを用いて計算している。

これらの区分によって①，②のグループに含まれる市区町村を図に表したものが図表4-4～4-6である。図表4-4に示すように区分Aでは新東名沿線

90　第1部　インフラの「非伝統的」波及効果

図表4-4　区分A（新東名IC，既存高速道路ICのある市区町村）

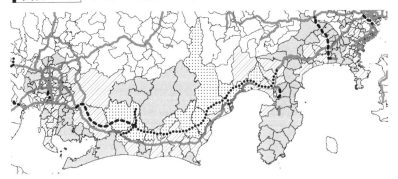

図表4-5　区分B（ICから役場まで20分以内の市区町村）

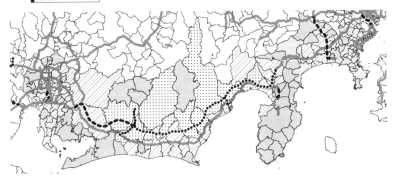

図表4-6　区分C（ICから役場まで30分以内の市区町村）

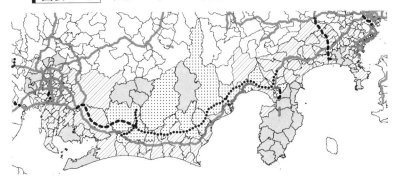

　：グループ①（新東名沿線の市区町村）
　：グループ②（既存高速道路沿線の市区町村）　　：グループ③（その他市区町村）
出所：国土交通省国土政策局国土情報課『国土数値情報　ダウンロードサービス』
　　　提供の平成28年度GISデータ，NITASを利用した市区町村役場―IC間のアクセス時間の計測結果より筆者作成。

となる自治体は全部で10市区町，既存高速道路沿線となる自治体は83市区町となっており，77市区町村がその他グループに分類される。

区分Bでは，浜松市天竜区，清水町の二つの区町がグループ①に含まれることとなり，静岡県浜松市南区や愛知県刈谷市，日進市等の14自治体がグループ②に含まれることとなる。さらに30分以内でアクセス可能な地域を含めると，グループ①については静岡県三島市が追加され，グループ②については神奈川県では茅ヶ崎市や南足柄市，静岡県では湖西市や御前崎市，愛知県では安城市や蒲郡市といった自治体が含まれてくる。このように区分を変更することで，グループ①，②に含まれる市区町村が増え，グループ③に含まれる市区町村が減少することになる。

4 分析の方法と変数の概要

(1) 分析の方法

本章では企業の経済活動のうち，生産と輸出の二つの側面に着目して，高速道路整備による企業活動への影響を検証する。

まず，一つ目の生産活動については生産関数の推定により分析を行う。一般的なモデルによれば，企業は労働と資本ストックの二つのインプットから付加価値を生み出す。この二つのインプットの増減以外で，企業の生産活動に影響を与える要因は，その企業が用いている技術や生産活動にかかる環境等であり，一般に全要素生産性（Total Factor Productivity）と呼ばれるものである。ここでは，高速道路の整備が全要素生産性に影響を与えると想定し，トランスログ型と呼ばれる生産関数においてその影響を考慮する。具体的には，主要港湾までの移動時間と新東名高速道路開通後のダミーを変数に追加した以下の式を推定する（添え字の i, t は個々の事業所と時間を示す）。

$$\begin{aligned}
\ln(Y_{it}) = & \alpha + \beta_k \ln(K_{it}) + \beta_l \ln(L_{it}) + \frac{1}{2}\gamma_{kk}(\ln(K_{it}))^2 + \frac{1}{2}\gamma_{ll}(\ln(L_{it}))^2 \\
& + \gamma_{kl}(\ln(K_{it}) \cdot \ln(L_{it})) + \delta_1 \ln(Time1_{it}) + \delta_2 \ln(Time2_{it}) \\
& + \theta_1 NewTomei \cdot Year_{2012-2014} + \theta_2 OtherHighway \cdot Year_{2012-2014} \\
& + \mu_i + \pi_t + \varepsilon_{it}
\end{aligned} \tag{1}$$

ここで，Y は付加価値，K は固定資産，L は労働者数を示し，$Time1$，$Time2$ はそれぞれ横浜港，名古屋港までの移動時間である。また，$NewTomei$ および $OtherHighway$ は，グループ①（新東名沿線），グループ②（既存高速道路沿線）の自治体であれば 1 をとるダミー変数であり，2012年以降ダミー（$Year_{2012-2014}$）との交差項として考慮している。

　もし主要港湾までの移動時間の短縮が生産活動にプラスの効果をもたらすのであれば，δ_1 や δ_2 はマイナスになることが予想される。また，新東名高速道路の開通により，その沿線に立地している企業の生産効率性が上昇している場合には θ_1 がプラスになり，新東名高速道路の開通による混雑緩和等の効果で既存高速道路沿線に立地する企業にもプラスの影響があるのであれば，θ_2 はプラスになることが予想される。

　二つ目の輸出に関しては，新東名高速道路の開通により事業所の輸出動向が変化したかどうかを検証する。高速道路の整備による主要港湾までのアクセス性の向上や交通コストの低下は，企業にとって製品を輸出する機会を高めるかもしれない。これまで国内の市場のみに目を向けていた企業が，インフラ整備を契機に自社製品を海外に輸出するようになれば，それは高速道路整備の効果の一つと考えられる。具体的には，伊藤・平野・行本［2015］での製造業の輸出動向に関する分析を参考に，事業所が輸出を行っているかどうかを被説明変数とした検証を行う。この場合，被説明変数は 1 か 0 をとる質的な変数であることから，以下の潜在変数モデルをロジットモデルにより推定する。

$$y_{it}^* = \alpha + \beta_1 \ln\left(\frac{Output_{it}}{L_{it}}\right) + \beta_2 \ln(L_{it}) + \beta_3 \ln(Asset\_ratio_{it}) + \delta_1 \ln(Time1_{it})$$
$$+ \delta_2 \ln(Time2_{it}) + \theta_1 NewTomei \cdot Year_{2012-2014}$$
$$+ \theta_2 OtherHighway \cdot Year_{2012-2014} + \mu_i + \pi_t + \varepsilon_{it}$$

$$\begin{cases} y_{it}^* > 0 \text{ の場合，} & EXP\_dummy_{it} = 1 \\ y_{it}^* \leq 0 \text{ の場合，} & EXP\_dummy_{it} = 0 \end{cases} \tag{2}$$

　EXP_dummy は輸出を行っていれば 1，行っていなければ 0 をとるダミー変数であり，潜在変数 y^* の値によって決まる。$Output/L$ は労働生産性，$Asset\_ratio$ は資本・労働比率である。

この場合も，高速道路の整備により主要港湾までの時間が短縮されることによる効果があれば，δ_1やδ_2はマイナスになることが予想される。また，高速道路の開通を契機として，これまで輸出を行っていなかった事業所が輸出を行うようになっていれば，θ_1やθ_2の符号がプラスになることが予想される。

なお，すでに立地している事業所にとっての輸出機会に与える影響を考慮するため，ここでは，2009年～2014年の全期間についてデータが取れる事業所を対象とし，その中から全期間を通じて輸出を行っている事業所についてはサンプルから除外して，輸出を行っていない事業所の輸出行動の変化を検証する。

（2）変数の概要

続いて推定に用いる各変数について説明しよう。付加価値については『工業統計調査』の個票に記載されている付加価値（単位：万円），固定資産については土地を除いた有形固定資産（年初残高，単位：万円）を用いる。これらはいずれも名目値である[7]。労働者数については従業者数合計を用いた。輸出ダミーは，『工業統計調査』における「製造品出荷額等に占める直接輸出額の割合（年間）」のデータをもとに，この割合が0でない場合に輸出企業，0の場合には非輸出企業としてダミー変数を作成している。また，労働生産性については，製造品出荷額等（調査票における「製造品出荷額」「加工賃収入額」および「その他収入額」の合計値，単位：万円）を従業員数合計で除したもの，資本・労働比率については，固定資産を従業員数合計で除したものを用いている。

これらの変数の記述統計は図表4-7，4-8の通りである。

図表4-7 生産関数の推定に用いるデータの記述統計

	サンプル数	平均	標準偏差	最小値	最大値
付加価値額（対数値）	41,734	11.056	1.327	2.197	19.078
固定資産額（対数値）	41,734	10.207	1.684	0.000	17.648
従業者数（対数値）	41,734	4.427	0.888	3.401	10.014
横浜港までの時間（対数値）	41,734	5.027	0.797	2.431	5.759
名古屋港までの時間（対数値）	41,734	4.635	0.755	2.939	5.799

94　第1部　インフラの「非伝統的」波及効果

図表4-8　輸出要因分析の推定に用いるデータの記述統計

	サンプル数	平均	標準偏差	最小値	最大値
輸出ダミー	26,265	0.062	0.241	0	1
労働生産性（対数値）	26,265	7.583	0.794	0.959	12.674
従業者数（対数値）	26,265	4.336	0.777	3.401	9.580
資本労働比率（対数値）	26,265	5.720	1.195	−4.771	10.558
横浜港までの時間（対数値）	26,265	5.107	0.760	2.431	5.759
名古屋港までの時間（対数値）	26,265	4.556	0.739	2.939	5.734

5　推定結果と考察

(1) 生産関数の推定結果

　図表4-9，4-10は，それぞれ3県すべての事業所を対象とした場合と静岡県に立地する事業所を対象とした場合の推定結果を示しており，(1)～(3)列は，それぞれA～Cの区分を用いた場合の結果を示している。静岡県のみを対象とした場合には結果がやや不安定になるものの，3県すべての事業所を対象とした場合の推定結果をみると，資本と労働の一次項についてはそれぞれ1％の有意水準で有意にプラスとなっている。

　主要港湾までの移動時間については，3県すべての事業所を対象とした場合，横浜港については1％もしくは5％の有意水準で有意にマイナスとなっており，時間短縮の効果が生産性に現れるという結果となっている。しかし，名古屋港については1％の有意水準で有意にプラスとなる。また，静岡県に立地する事業所を対象とした場合についてみると，どちらも有意な結果となっていない。名古屋港から遠く離れるほど生産性が向上するという結果については，横浜港や名古屋港までの移動時間は，横浜港・名古屋港までの近接性という側面に加えて，東京圏という巨大な市場への近接性の代理変数となっている可能性がある。つまり，東京圏に近いことの有利性を反映して，両者の係数の符合が異なるという結果につながっていると考えられる。

　新東名開通後ダミーについてみてみると，3県を対象とした場合，新東名沿

第4章 高速道路整備と事業所のパフォーマンス

図表4-9 生産関数の推定結果（3県）

対象地域 区分	(1) 3県 A		(2) 3県 B		(3) 3県 C	
固定資産（β_K）	0.094	(0.035)***	0.094	(0.035)***	0.095	(0.035)***
従業者（β_L）	0.899	(0.094)***	0.899	(0.094)***	0.898	(0.094)***
固定資産・二乗項（γ_{KK}）	−0.013	(0.004)***	−0.013	(0.004)***	−0.013	(0.004)***
従業者・二乗項（γ_{LL}）	−0.080	(0.022)***	−0.080	(0.022)***	−0.080	(0.022)***
交差項（γ_{KL}）	0.006	(0.008)	0.006	(0.008)	0.006	(0.008)
〔主要港湾までの時間〕						
横浜港（δ_1）	−0.769	(0.300)**	−0.775	(0.301)**	−0.805	(0.300)***
名古屋港（δ_2）	0.439	(0.109)***	0.432	(0.110)***	0.444	(0.109)***
〔新東名開通後ダミー〕						
新東名沿線（θ_1）	−0.029	(0.018)	−0.029	(0.019)	−0.012	(0.023)
既存高速道路沿線（θ_2）	−0.019	(0.011)*	−0.015	(0.013)	0.001	(0.018)
定数項（α）	9.040	(1.593)***	9.111	(1.598)***	9.200	(1.596)***
事業所の個別効果	Yes		Yes		Yes	
年ダミー	Yes		Yes		Yes	
Adj-R^2	0.049		0.049		0.048	
N	41,734		41,734		41,734	

注：（　）内は標準誤差。***，**，*はそれぞれ1％，5％，10％の有意水準で有意であることを示す。

図表4-10 生産関数の推定結果（静岡県）

対象地域 区分	(1) 静岡県 A		(2) 静岡県 B		(3) 静岡県 C	
固定資産（β_K）	0.071	(0.066)	0.071	(0.066)	0.070	(0.066)
従業者（β_L）	0.663	(0.168)***	0.664	(0.168)***	0.670	(0.168)***
固定資産・二乗項（γ_{KK}）	−0.008	(0.006)	−0.008	(0.006)	−0.008	(0.006)
従業者・二乗項（γ_{LL}）	−0.012	(0.040)	−0.012	(0.040)	−0.013	(0.040)
交差項（γ_{KL}）	0.002	(0.013)	0.002	(0.013)	0.002	(0.013)
〔主要港湾までの時間〕						
横浜港（δ_1）	−0.160	(0.510)	−0.084	(0.513)	−0.050	(0.516)
名古屋港（δ_2）	0.698	(0.460)	0.697	(0.461)	0.695	(0.466)
〔新東名開通後ダミー〕						
新東名沿線（θ_1）	0.050	(0.027)*	0.069	(0.031)**	0.095	(0.068)
既存高速道路沿線（θ_2）	0.052	(0.025)**	0.067	(0.029)**	0.075	(0.069)
定数項（α）	5.043	(2.651)*	4.657	(2.694)*	4.486	(2.781)
事業所の個別効果	Yes		Yes		Yes	
年ダミー	Yes		Yes		Yes	
Adj-R^2	0.058		0.058		0.058	
N	12,081		12,081		12,081	

注：（　）内は標準誤差。***，**，*はそれぞれ1％，5％，10％の有意水準で有意であることを示す。

線については有意な結果が得られていない。また，既存高速道路沿線については，区分Aの場合において10％の有意水準で有意にマイナスである。しかし，静岡県に立地する企業のみを対象とした場合，新東名沿線では区分Aの場合は10％の有意水準で，区分Bの場合には5％の有意水準で有意にプラスとなる。また，既存高速道路沿線では，区分A，Bのどちらの場合においても5％の有意水準で有意にプラスとなっている。

　以上の結果は，静岡県内においては，新東名高速道路の開通により，新東名高速道路や東名高速道路沿線に立地する事業所において生産性が高まった可能性を示している。とくに，東名高速道路沿線に立地する事業所においてもプラスの効果が見られることは，新東名高速道路の開通による東名高速道路の渋滞緩和等の効果が影響している可能性もあり，既存高速道路の沿線にもダブルネットワーク化による効果が現れているととらえることができる。

　なお，3県の事業所すべてを対象とした場合に既存高速道路沿線の係数がマイナスになる理由の一つとしては，高速道路沿線に含まれない事業所の影響が考えられる。神奈川県や愛知県において高速道路沿線ではないグループに区分される市区町村の中には，とくに区分Aの場合において横浜や名古屋の中心部に比較的近い市区町村が含まれている。実際，図表4-3でみたように横浜や名古屋周辺の市区町村では労働生産性が上昇しているところが多い。これらの市区町村では他の都市的インフラ整備や集積の経済といった影響により生産性が向上している可能性が考えられ，そのことが推定結果に影響しているのかもしれない。

（2）輸出要因分析の推定結果

　(2)式の推定結果は図表4-11，4-12に示されている[8]。労働生産性，従業者，資本労働比率の係数は，すべて有意にプラスで労働生産性，資本労働比率の高い事業所ほど輸出を行う傾向があることを示しており，妥当な結果となっている。

　主要港湾までの時間については，3県を対象とする場合には5％の有意水準で有意にプラスとなっている。この結果は名古屋港までの移動時間が長くなると輸出を行うようになるということを示しており，これも東京への近接性を反

図表4-11　輸出要因分析の推定結果（3県）

対象地域 区分	(1) 3県 A		(2) 3県 B		(3) 3県 C	
労働生産性（β_1）	0.467	(0.090)***	0.466	(0.090)***	0.465	(0.090)***
従業者（β_2）	1.055	(0.087)***	1.056	(0.087)***	1.053	(0.087)***
資本労働比率（β_3）	0.207	(0.062)***	0.208	(0.062)***	0.209	(0.062)***
〔主要港湾までの時間〕						
横浜港（δ_1）	−0.184	(0.201)	−0.198	(0.201)	−0.183	(0.201)
名古屋港（δ_2）	0.548	(0.220)**	0.530	(0.220)**	0.544	(0.219)**
〔新東名開通後ダミー〕						
新東名沿線（θ_1）	0.732	(0.236)***	0.690	(0.249)***	0.726	(0.308)**
既存高速道路沿線（θ_2）	0.137	(0.148)	0.032	(0.170)	0.179	(0.249)
定数項（α）	−18.113	(2.144)***	−17.968	(2.146)***	−18.075	(2.144)***
事業所の個別効果	Yes		Yes		Yes	
年ダミー	Yes		Yes		Yes	
Log Likelihood	−3815.0		−3814.9		−3816.2	
N	26,265		26,265		26,265	

注：（　）内は標準誤差。***，**，*はそれぞれ1％，5％，10％の有意水準で有意であることを示す。

図表4-12　輸出要因分析の推定結果（静岡県）

対象地域 区分	(1) 静岡県 A		(2) 静岡県 B		(3) 静岡県 C	
労働生産性（β_1）	0.309	(0.162)*	0.308	(0.162)*	0.310	(0.162)*
従業者（β_2）	1.373	(0.175)***	1.383	(0.175)***	1.372	(0.175)***
資本労働比率（β_3）	0.265	(0.117)**	0.271	(0.117)**	0.275	(0.117)**
〔主要港湾までの時間〕						
横浜港（δ_1）	−2.468	(1.593)	−2.369	(1.594)	−2.521	(1.571)
名古屋港（δ_2）	−1.833	(1.624)	−1.746	(1.626)	−1.994	(1.600)
〔新東名開通後ダミー〕						
新東名沿線（θ_1）	0.950	(0.412)**	0.765	(0.480)	−0.514	(0.985)
既存高速道路沿線（θ_2）	−0.020	(0.395)	−0.285	(0.464)	−1.425	(0.977)
定数項（α）	4.015	(16.049)	2.970	(16.070)	5.016	(15.822)
事業所の個別効果	Yes		Yes		Yes	
年ダミー	Yes		Yes		Yes	
Log Likelihood	−1071.9		−1070.8		−1071.8	
N	7,499		7,499		7,499	

注：（　）内は標準誤差。***，**，*はそれぞれ1％，5％，10％の有意水準で有意であることを示す。

映している可能性が考えられる。静岡県を対象とした場合には横浜港，名古屋港までの移動時間の両方について有意とはならない。

一方，新東名開通後ダミーについてみると，新東名沿線については1％の有意水準で有意にプラスとなっている。この結果は区分を変えても変化しない。また，静岡県に立地する事業所に対象を絞った場合，区分B，Cでは有意な結果ではないが区分Aでは5％の有意にプラスとなる。このことは，新東名高速道路の開通により，新東名高速道路の沿線，とくにICが整備され高速道路にアクセスしやすくなった市区町村に立地する事業所が輸出を行うようになったことを示しており，高速道路整備の効果が示されていると言えよう。

また，前述の通り，ここでの分析では全期間を通じてデータを取れる事業所のみを対象としている。つまり，輸出を行うため新たに新東名高速道路に立地したという事業所があったとしても，それはここでの分析では対象から除外されている。したがって，この分析は，新東名高速道路が開通する前からその沿線に立地していた事業所が，新東名高速道路の開通を契機に輸出を行うようになったことを示しており，高速道路開通の直接的な効果としてとらえることができる。

6 本章のまとめと政策的示唆

本章では，『工業統計調査』の個票データをもとに個々の事業所のデータを時系列で接続したパネル・データを作成し，これを用いて新東名高速道路の開通による事業所の生産活動や輸出活動への影響を検証した。検証の結果，静岡県では新東名高速道路沿線のみならず，既存高速道路の沿線でも個々の事業所の生産性が向上していることが確認された。また，新東名高速道路が整備されたことにより，その沿線に立地している事業所の輸出機会が高まった可能性が示された。

以上の結果は，新東名高速道路の開通によるストック効果は，個々の事業所の生産活動に及んでいることを示している。そして，既存の高速道路周辺においても生産性の向上が確認されることは，新東名高速道路の開通が，高速道路のネットワーク化を通じて広域的な効果を生み出していることを示している。

こうした検証結果を踏まえると，大規模なインフラ整備のプロジェクトを進める際には，既存インフラを通じた周辺地域への影響も含め，より広域的な範囲への影響を考慮することが必要と考えられる。

また，本章における分析結果には，事業所データを使ったことによる新たな知見も含まれている。地域全体での生産量が増加していたとしても，個々の企業の生産性が向上したからかどうかはわからない。また，市区町村レベルのデータで輸出を行う事業所数が増加したとしても，それは，他地域からの事業所の移転，つまり他地域からの流出によるものかもしれない。しかし，本章での分析結果は，個々の事業所の生産性が高まり，すでに立地している事業所が新たに輸出を行うようになっていることを示している。こうした点は，県レベルや市区町村レベルのデータからだけでは必ずしも判然としない。さらに，本章では個々の事業所のビフォー・アフターのデータを活用して比較を行うことで，それぞれの事業所の個別事情を考慮しつつ，新東名高速道路の開通の影響をより的確に計測できるようにしている。今後，ストック効果のより的確な把握に向け，その効果を適切に計測する分析方法を活用することとあわせて，企業や事業所単位のミクロ・データをこれまで以上に積極的に活用していくことが重要となってくるのではないだろうか。

［謝辞］

本研究は，独立行政法人経済産業研究所（RIETI）と国立大学法人京都大学経済研究所の共同研究プロジェクト『企業のイノベーション活動と成長に関する調査研究』の一環として行われたものであり，その成果物の一つである井上・要藤・伊藤［2018］を改訂したものである。本研究において用いた経済産業省『工業統計調査』の利用に際しては，独立行政法人経済産業研究所計量分析・データ担当関係者より多大な御支援を頂いた。また，高速道路を利用した移動時間の計算に使用した国土交通省「全国総合交通分析システム（NITAS）ver.2.4」の利用に際しては，国土交通省総合政策局担当者より多大な御支援を頂いている。ここに記して感謝したい。

▶注

1　全国データを用いた研究としては岩本［1990］，三井・井上［1995］，畑農［1998］，吉野・中島・中東［1999］など，都道府県別データを用いたものとしては浅子・

坂本［1993］，大河原・山野［1995］，土居［1998］，林［2009］，宮川・川崎・枝村［2013］などの先行研究がある。

2　わが国において交通インフラの効果を企業レベルのデータを用いて検証した研究としては，新幹線開通の影響を検証したBernard, Moxnes & Saito［2016］やInoue, Nakajima & Saito［2017］といった研究がある。なお，企業レベルのデータを用いてわが国における高速道路の整備効果を検証した研究は筆者らの知る限り見当たらないが，海外での先行研究としては，インドにおける高速道路の整備効果を企業レベルのデータを用いて検証したDatta［2012］，スペインの製造業の企業レベルデータを用いて検証したHoll［2016］などの研究がある。

3　浜松いなさJCTから東名高速道路の三ケ日JCTまでのいなさ連絡路，新清水JCTから東名高速道路の清水JCTまでの清水連絡路も同時に開通している。また，新東名高速道路ではないが，三遠南信自動車道の鳳来峡IC（愛知県新城市）−浜松いなさ北IC間が2012年3月に開通しており，新東名高速道路からアクセス可能となっていることから，本稿では，新東名高速道路の開通に関連するものとして取り扱う。

4　中日本高速道路株式会社ホームページ（https://www.c-nexco.co.jp/corporate/operation/stock_effect/pdf/170419_stock_shintomei.pdf）。2018年3月30日閲覧。

5　質の高いエビデンスとするための分析手法については，家子ほか［2016］に詳しく説明が行われている。

6　既存高速道路には東名高速道路のほか，伊勢湾岸道路，首都高速道路，名古屋高速道路，知多半島道路，知多横断道路，横浜横須賀道路，小田原厚木道路等の自動車専用道路を含めている。なお，首都圏中央連絡自動車道（圏央道の一部区間）や伊豆縦貫自動車道については，本稿の分析対象期間においては一部区間のみの供用となっているため，そのICが所在する場合はその他市区町村として取り扱っている。

7　付加価値や有形固定資産等の変数については，デフレータ等を用いた実質化や簿価から時価に変換するといった加工が必要である。しかし，データの制約によりすべての期間の変数を実質化することは難しい。このため，本章では名目値のまま分析に用いている。

8　パネル・データを用いて固定効果モデルによりロジットモデルを推定した場合，期間中に被説明変数に変化のないサンプルは推定に際して除外され，サンプル数が少なくなってしまう。このため，ここではランダム効果モデルによる結果を示している。なお，固定効果モデルで推定を行った場合でも結論に大きな変化はない。

▶参考文献

浅子和美・坂本和典［1993］「政府資本の生産力効果」『フィナンシャル・レビュー』第26号。

家子直幸・小林庸平・松岡夏子・西尾真治［2016］「エビデンスで変わる政策形成：イギリスにおける「エビデンスに基づく政策」の動向，ランダム化比較試験による実証，及び日本への示唆」三菱UFJリサーチ＆コンサルティング政策研究レポート。

伊藤公二・平野大昌・行本雅［2015］「世界金融危機後のわが国製造業の輸出動向：事業所データによる分析」RIETI Discussion Paper Series 15-J-037。

井上寛規・要藤正任・伊藤公二［2018］「事業所データを用いた高速道路の整備効果の検証─新東名高速道路開通による事業所の生産・輸出への影響分析」京都大学経済研究所ディスカッション・ペーパー No. 1802。

岩本康志［1990］「日本の公共投資政策の評価について」『経済研究』第41巻3号，250-261。

大河原透・山野紀彦［1995］「社会資本の生産力効果：地域経済の影響分析」『電力経済研究』No. 34, 45-57。

国土交通省［2014］『国土交通白書2014』日経印刷。

土居丈朗［1998］「日本の社会資本に関するパネル分析」『国民経済』第161号。

内閣府［2012］「日本の社会資本2012」。

畑農鋭矢［1998］「社会資本とマクロ経済の生産能力」『一橋論叢』第119号第6巻，738-756。

林正義［2009］「公共投資の生産効果」『財政研究』第5巻。

三井清・井上純［1995］「社会資本の生産力効果」三井清・太田清編『社会資本の生産性と公的金融』日本評論社，43-65。

宮川努・川崎一泰・枝村一磨［2013］「社会資本の生産力効果の再検討」『経済研究』第64号第3巻，240-255。

吉野直行・中島隆信・中東雅樹［1999］「社会資本の生産力効果」吉野直行・中島隆信編『公共投資の経済効果』第2章，日本評論社，13-88。

Bernard, A. B., Moxnes, A. & Saito, Y. U.［2016］"Production Networks, Geography, and Firm Performance." RIETI Discussion Paper Series 16-E-055.

Datta, S.［2012］"The Impact of Improved Highways on Indian Firms." *Journal of Development Economics*, 99(1), 46-57.

Holl, A.［2016］"Highways and Productivity in Manufacturing Firms." *Journal of Urban Economics*, 93, 131-151.

Inoue, H., Nakajima, K. & Saito, Y. U.［2017］"The Impact of the Opening of High-Speed Rail on Innovation." RIETI Discussion Paper Series 17-E-034.

（要藤　正任・井上　寛規・伊藤　公二）

第 5 章

交通インフラの地域別・産業別効果をとらえる

SCGE 分析の進展と実務での利用可能性

[本章のねらい]

インフラ整備の妥当性を判断するために費用便益分析が用いられることが定着している。しかし,インフラの効果は地域経済に直接的・間接的に影響している。これらの経済波及効果をとらえる SCGE 分析の利用可能性を探る。

[本章を通じてわかったこと]

経済波及効果と呼ばれる,インフラ整備の地域経済への影響を SCGE 分析を用いて事後的にその予測精度の検証を行った結果,ある程度の予測精度があることが確認された。また,結果の利用方法を検討した。

[政策的な示唆・メッセージ]

SCGE 分析を用いれば,インフラ整備効果を事前に地域別・主体別に,ある程度予測することが可能となる。この結果を用いれば,インフラの有効活用を事前に検討することが可能となり,より良く使うインフラの提案が可能となる。

1 本章のねらいと概要

　インフラを整備することの妥当性判断は，費用便益分析に代表される，定量的評価手法が定着している。たとえばわが国では，道路整備事業の場合，事業前後の所要時間の差分から定義される時間短縮便益などを中心とした3便益[1]と事業費・維持管理費などの費用を比較し，それらが，一定基準以上であれば整備が妥当であると判断している。しかし，これら費用便益分析による意思決定には，「費用便益分析では真に必要な道路整備ができない」，あるいは，「3便益のみでは，地域経済効果などの便益が抜け落ちている」などの批判があることも事実である。費用便益分析の結果は，あくまで，社会的効率性の判断であることを理解すれば，上述の二つの意見は，大きな誤解であることは理解できるが，それはまた，費用便益分析における社会的効率性だけの判断でインフラ整備の是非を決定してもよい，ということではない。インフラ整備の判断が，社会的効率性のみならず，広く社会に望ましいものを選択するためにはどのような方法が考えられるか，あるいは，それらの議論をサポートする理論的枠組み定量分析方法は存在するのか。この問題に答えるべく，SCGE 分析が考案され，実証的利用可能性に関して多くの研究蓄積がなされてきた。その結果，ある程度の信頼性のある結果が得られてきている。本章ではこの SCGE 分析の概要と特徴を示した上で，地域経済効果に関する予測精度の確認を通じて，実証分析の可能性，さらに，その結果を用いた，社会的に望ましいインフラ計画の実行可能性を検討する。

2 SCGE モデルの種類と特徴

　インフラの経済波及効果を計測する試みの歴史は古く，19世紀のジュール・デュピュイ（Jules Dupuit）に始まり，いまも土木計画学をはじめ経済学でも重要な課題である。SCGE 分析とは Spatial Computable General Equilibrium（空間的応用一般均衡）分析の略であり，インフラの経済効果をとらえるため，伝統的 CGE 分析を空間的に拡張したものである。では，CGE 分析とは何かと

いえば，ミクロ経済学で想定している，消費者行動理論，生産者行動理論そして市場均衡というメカニズムをそのまま現実の経済現象に当てはめることで，政策分析を定量的に行う手法のことである。この手法はShoven & Wally［1984］に始まり関税政策などの政策分析に数多く適用され，その政策が及ぼす影響を各種経済指標の変化として提示することに成功している。そして，道路をはじめ交通社会資本などのインフラ整備の効果を，この（S）CGE分析を通じて空間的に分析する研究はここ20年ほど世界各国で精力的に行われ，ある程度の成果が見られるようになってきている。

　SCGE分析を簡単に知る上で，まず，CGE分析の説明から始めよう。CGE分析とはその名の通りミクロ経済学の一般均衡理論を実証分析ツールとして扱う一連の分析手段の総称である。そこでは，現実の経済活動を，消費者行動理論，企業行動理論からの財および生産要素の需要関数・供給関数により構成された市場均衡条件を方程式体系として記述し，それらの関数系の特定と均衡解の導出を行っている。簡単にイメージするなら，中学校の公民の授業で習う需要関数および供給関数が交わる点で市場価格が決定するという図を思い出すと，ここでの計算とは，現実の社会で，ある程度集計された財や生産要素市場でこの市場価格が決定することを，方程式を解くとして計算していることである。このCGE分析は，現実社会への適用が比較的容易で，さまざまな政策分析に用いられた経緯がある。しかし，それらの多くはその仮定として，家計や企業が同質であるとしているため，インフラの整備効果を測る上では不都合なことが多い。そこで，家計や企業を地域別にとらえ，それらの相互の財の移動を交易としてとらえたモデルの総称がSCGE分析と呼ばれる一連の研究分野である。

　SCGE分析を用いてインフラの経済波及効果をとらえるという試みは，Roson［1994］，Brocker［1998］に始まり，その後，数多くの研究が行われてきている。そもそも，インフラの経済波及効果をとらえるために，なぜSCGEモデルを適用するのかの理由は大きく分けて二つ存在する。まず，Brocker & Mercenier［2011］らが主張するように，交通整備の便益を交通市場における消費者余剰の変化として計測可能となるのは，想定している社会，すなわち市場を完全競争と想定している場合に限られ，現実の市場に不完全競争などが想定できる場合は，その計測結果にはバイアスが生じるおそれがあることが知ら

れている。そのため，不完全競争を考慮した空間的応用一般均衡モデルにより交通整備の便益を評価することで，より正確な便益を計測しようとする目的のために用いられる。ここでの不完全競争には失業・不確実性などさまざまな要因が関係しているが，とくに，近年では，交通整備により経済活動が空間的により集積することで，都市あるいは地域の生産性が向上するというメカニズムをとらえようとすることに注力している。このような研究は New Economic Geography の研究成果を積極的に取り入れることで理論モデルが構築され，とくに欧州で数多くの研究開発の蓄積があり，CGEurope，RAEM など現実の政策分析に応用された例も知られている。しかしながら，Graham & Dender [2011] が指摘するように，定量評価としては未だ数多くの課題が存在することも事実である[2]。

　もう一つの理由は，インフラ投資の正当性を評価・判断するために，集計された便益のみで判断しても良いのかという問題に対しての取組である。あらためて説明する必要はないかもしれないが，費用便益分析を用いてインフラ整備の妥当性の判断をするということは，特定のプロジェクトに対しての社会的効率性のみを判断することであり，社会的平等性（あるいは，衡平性）に関する議論はひとまず考えないということを意味している。しかし，国土構造に長期的に影響するような大規模公共事業の場合，その便益の帰着は住む地域により大きく異なり，「国土の均衡ある発展」などを考える上では，その影響（すなわち，便益の地域的偏在）を考慮すべきであるという議論は根強く存在する。わが国では土木計画学の研究者を中心に，これらの問題に答えるべく，空間的応用一般均衡分析を用いて公共事業の便益あるいは経済波及効果を空間的にとらえるという試みが行われてきた。このようなアプローチは，基本的に完全競争市場を仮定した空間的応用一般均衡モデルを用いることが多く，そこでは，モデルのアウトプットとしての総便益は，費用便益マニュアルで計測される利用者便益とほぼ一致することが知られている[3]。しかし，SCGE 分析を用いれば，それらが社会経済活動を通じて，どの地域のどの主体に影響するのかを定量的に示すことが可能であり，その定量的予測結果の実務的利用可能性が少しずつ知られるようになってきている。つまり，これらの手法を用いることで，社会的平等性，あるいは，地域間平等性に配慮すべき公共投資計画はどのようなも

のかということが議論可能になると考えられている。このような公共投資の空間的帰着に対する興味は，わが国だけでなく，先に紹介したCGEuropeなどの応用事例としてEuropean CommissionのIASONプロジェクトなどでも積極的に行われ，欧州における交通基盤計画で示された例も存在する。さらに，近年では，インフラの経済波及効果として，地域経済効果（いわゆる，インフラストック効果）に着目することが積極的に議論されるようになってきている。SCGE分析を用いれば，インフラの経済波及効果が"どの地域"の"どの産業"に"どの程度"帰着するのかを事前に知ることが理論上可能となっている。仮に，これらの効果を事前にすることができれば，インフラのもつ効果を最大限に生かすことなどが議論可能となる。しかし，これらSCGE分析の算出結果にどの程度信頼性があるのかに関しては，いまだ十分な実証的根拠が存在せず，実務的利用の障害となっているという事実もある。本章では，大規模なSCGEモデルを用い，わが国における10年間という期間に行われた道路投資政策すべてを対象として，結果検証のための事後分析[4]を行い，地域別企業別の経済波及効果がどの程度再現できるかを検討した。

3 実務的利用に向けたSCGEモデル

実務的利用に向けたSCGEモデルとして，道路整備を詳細に再現可能にするため，ある程度，詳細な地域に分割する必要がある。また，そのような詳細分割された地域での財の交易を再現するためには，通常CGE分析で用いるCES (Constant Elasticity of Substitution) 関数を用いるよりは，交通工学で用いられるロジットモデルを用いることが良いとされている[5]。そのため，本章でのモデルは，通常のCGEモデルとは違い，地域間交易に用いる関数をロジットモデルとし，さらに，その関数に含まれるパラメータの推定には，貨物流動調査のデータを用いて統計的に推定した結果を採用している。モデルの詳細は付録に示す通りである。

実証分析において，地域分割は日本を207に分割した生活圏のうち，島嶼部を除く199生活圏を対象とした[6]。また，産業分類は16分類（1．農林水産，2．鉱業，3．飲食料品，4．繊維製品，5．パルプ・紙・木製品，6．化学製品，

7．石油・石炭製品，8．窯業・土石製品，9．鉄鋼・非鉄金属・金属製品，10．一般機械，11．電気機械・情報・通信機器，12．輸送機械，13．その他の製造工業製品，14．建設，15．電気・ガス・水道，16．サービス）とした。分析にあたり，平成17年度の時点を基準均衡状態とし，モデルの再現性の確認を行った。モデルのベンチマークとなるデータは平成17年度都道府県民経済計算，平成17年度都道府県産業連関表，平成17年度国勢調査，平成17年度工業統計調査などを用いて，詳細地域の社会経済データは人口・従業員数などで按分して設定している。さらに，地域間交易に関するデータは平成17年の貨物流動調査を用いた。さらに，地域間での交通所要時間は，交通工学で用いる均衡配分計算をより細かいリンクを含むネットワークを用いて行っている。

事後分析の対象となる道路交通整備は平成17年から平成27年にかけて整備された道路交通整備を対象とした。その総数は細かいものを含め400以上に及ぶが，主なものは図表5-1に示す黒い点線で囲まれたものである。これらの整備水準を均衡配分計算で再度計算し，整備後の地域間所要時間を求め，それを政策変数としてSCGEモデルに導入することで，事後的な経済活動を再現し，これを予測値としている。SCGEモデルの政策による再現性（あるいは感度）を知る上では，この予測値と実測値を比較する必要がある[7]。そこで，SCGEモデルの算出結果（予測値）と同期間の季節調整済み都道府県別の鉱工業指数の変化（実測値）の比較を行った。図表5-2はすべての製造業を集計した値での比較を示している。縦軸にSCGEモデルによる算出結果，横軸に鉱工業指数の変化[8]をとっており，沖縄を除く46都道府県で集計した値をプロットしている。モデルの性質上，SCGEモデルによる算出結果はすべて1以上の値となっているのに対して，実測値である鉱工業指数の変化は景気変動の影響もあり，1以下の値をとっている都道府県も存在する。本来ならば，これらが45度の直線上にあることが望ましいが，SCGEモデルは予測期間の道路交通整備のみを外生変数として与えているために，そのような結果になることはない。このSCGE分析の目的は，道路整備の影響が家計の消費活動やサプライチェーンを通じた企業の生産活動に影響し，その影響が地域経済にどの程度波及するかを知ることになる。そのため，地域での経済波及の程度を知るためには，この図の予測値と実測値が正の相関関係があることがモデルの信頼性にとって望

図表5-1 本調査で構築した道路ネットワーク（平成27年度）

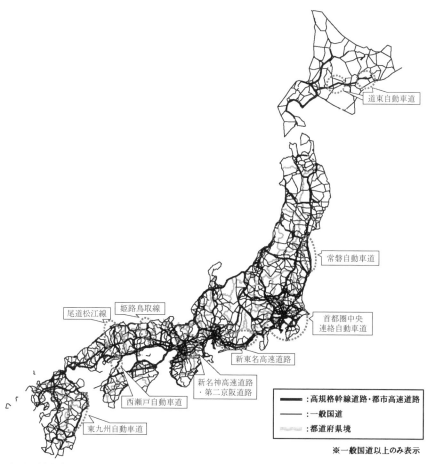

出所：筆者作成。

ましいこととなる。この意味から考えると，図表5-2の結果は，全体的に正の相関関係がみられると判断でき，SCGE分析がある程度企業の生産活動への変化を空間的にとらえることに成功しているといえる。ただし，SCGE分析による予測値と実測値との間に大きな乖離がある地域に関して，インターネット等で調べると，図中のコメントにあるような予測しがたい影響があったことがわかっている[9]。

110　第1部　インフラの「非伝統的」波及効果

図表5-2　SCGE分析の予測値と実績値の比較(製造業計)

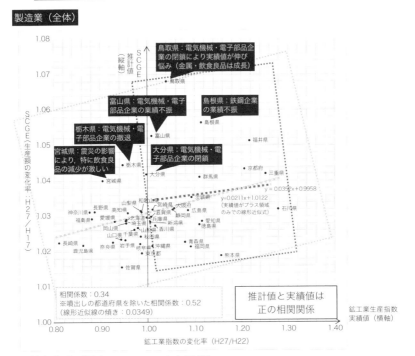

出所:筆者作成(図表5-3〜5-8も同様)。

図表5-3　予測値と実測値の比較①

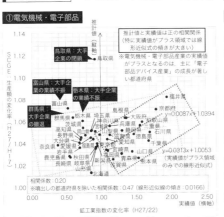

図表5-4　予測値と実測値の比較②

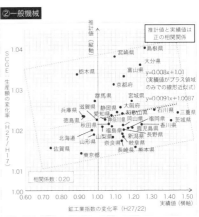

第5章　交通インフラの地域別・産業別効果をとらえる　111

| 図表5-5 | 予測値と実測値の比較③ | 図表5-6 | 予測値と実測値の比較④ |

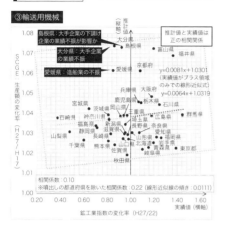
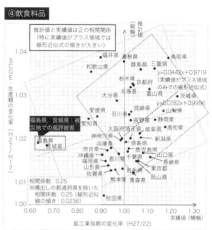

| 図表5-7 | 予測値と実測値の比較⑤ | 図表5-8 | 予測値と実測値の比較⑥ |

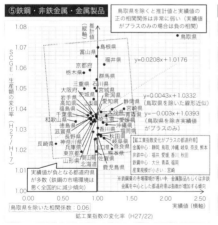
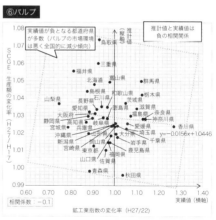

　次に、より詳細な分析のため、各業種別での算出結果を示したものが図表5-3から図表5-8となっている。この図も同様に、正の相関関係があれば、SCGE分析の予測がある程度信頼性が高いことを意味している。図からわかるように、①電気機械・電子部品、②一般機械、③輸送用機械、④飲食料品は比

較的高い正の相関関係がみられる。一方，⑤鉄鋼・非鉄金属・金属製品，⑥パルプなどは相関関係があまりみられない。前者は工場の移転などが比較的スムーズな産業であるのに対して，後者の⑤鉄鋼・非鉄金属・金属製品は工場の規模も大きく，移転に時間を要する産業であり，また，⑥パルプは取引関係が頑健で交通整備により影響を受けにくい産業であることが企業へのヒアリングなどを通じてわかっている。つまり，製造業の中でも，生産拠点の移動・移転がスムーズな産業の予測信頼性は高いが，逆に，それらの移動・移転が難しい産業，あるいは，取引関係が固定的である産業に関しては予測精度がそれほど高くないことがわかってきた。ただし，本来，SCGE 分析の予測結果は超長期の均衡状態を表現していると考えると，これら後者の予測精度が低いと判断された産業も，長期的には SCGE 分析の結果のような変化を起こす潜在的な可能性があるともいえる[10]。SCGE 分析を政策判断に利用する場合は，このような計測結果の特徴を十分に認識しておくことが必要であることは言うまでもない。

4 本章のまとめと政策的示唆

　SCGE 分析を交通整備政策の評価に使う試みは，過去20年間で大きく進展し，世界各国でその適用事例が研究者レベルで数多く報告されている。そこでは，交通整備の便益総額をより正確に計測しようとする試みと交通整備の便益評価を地域別効果として把握しようする試みに大別できる。本章では，このうちの後者に焦点を当て，現状の到達点として，実務的利用可能性について，SCGE 分析による道路整備評価の空間的経済波及効果，いわゆる，地域開発効果を予測値として計測を試み，実測値との比較を通じて，いくつかの知見を得ることができた。それは，SCGE モデルを比較的詳細な地域で適用することで，詳細な財・サービスの取引関係が表現可能となり，地域別産業別の生産額変化を予測することが可能となり，その予測精度は比較的高いものであることを確認することができた。ただし，工場などの立地変更が困難な産業や取引関係が固定的である産業に関しては，短期的には予測が困難であることも確認できている。

　これら SCGE 分析の結果は，交通整備の効果を，事前に地域別・産業別に

知ることを可能とし，その計測精度がある程度高いことが確認されれば，交通整備計画を策定する段階からその影響を考えつつ計画立案することの基礎的情報として十分な価値がある。それは，SCGE 分析による道路整備効果の経済波及効果を計測することが，当該地域の産業構造をどのように変えるのかを潜在的ではあれ事前に知ることであり，たとえば，道路整備後を見据えて，農業施設整備の空間計画，産業誘致政策，あるいは，観光誘致政策などを検討することを可能とし，行政内のさまざまな部署が将来計画を同一のフレームで議論することを可能にすることを意味している。インフラ整備の最終的目標が，インフラの上で生活する社会経済の持続的な向上である以上，このような SCGE 分析を用いたインフラ計画がいかに重要か理解できると思う。さらに，SCGE 分析の最近の使われ方として，災害発生時の経済的被害額を算定する際，地域間企業間交易，いわゆる，サプライチェーンの影響を考慮した算定を可能とすることである。たとえば，Yamasaki, Koike & Sone [2018] は東日本大震災を例に，動学的な SCGE 分析を行い，被害の空間的波及および産業の復旧過程の再現にある程度成功している。このように，災害による被害を事前に知ることが可能となれば，防災投資やリダンダンシーを目的としたネットワーク整備の災害時での経済的価値を空間的に把握することも可能となる。この意味では防災政策の価値を様々な面から検討することも可能となる。

　インフラの価値を示す上で，あるいは，インフラを通じたさまざまな政策をサポートする上でも，今後も，SCGE 分析の精度向上に向け，研究が蓄積されつつあり，さらなる発展に期待したい。

付録 （モデルの詳細）

(1) モデルの前提条件

　本研究で用いた SCGE モデルは，図表5-9に示すようなモデル構造を想定し，社会経済に対して主に以下の仮定を設ける。
　① 多地域多産業で構成された経済を想定する。
　② 財生産企業は，家計から提供される生産要素（資本・労働），他の財生

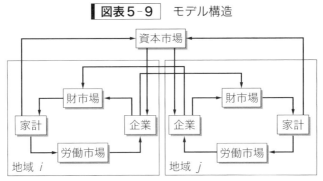

図表5-9　モデル構造

出所：筆者作成。

産企業が生産した生産物を投入して，新たな生産財を生産する。
③　家計は企業に生産要素（資本・労働）を提供して所得を受け取る。そして，その所得をもとに財消費を行う。
④　輸送費用はIce-berg型輸送費用を仮定する。
⑤　労働市場は地域で閉じているものの，資本市場は全地域に開放されているものとする。

なお，モデル式内のサフィックスは，以下の通りとする。

地域を表すサフィックス $i, j : I \in \{1,2,...,i,j,...,I\}$

財を表すサフィックス $m, n : M \in \{1,2,...,m,n,...,M\}$

（2）　家計行動モデル

地域に $i \in \mathbf{I}$ は代表的な家計が存在し，自地域と他地域の財からなる合成財を消費するとし，図表5-10のような構造の効用関数をもつと仮定する。なお，財の消費合成財の代替関係をコブ・ダグラス型で表現する。

すると，家計の行動は所得制約条件の下での効用最大化行動として以下のようになる。なお，家計の所得は労働所得，社会全員で均等に保有している資本所得および固定的な地域間所得移転額である。

図表5-10 家計行動モデルの階層構造

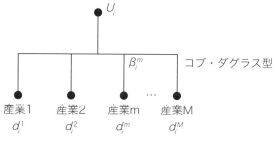

出所：筆者作成。

$$\text{max.} \quad U_i\left(d_i^1, d_i^2, \cdots, d_i^M\right) = \sum_{m \in M} \beta_i^m \ln d_i^m$$
$$\text{s.t.} \quad \bar{l}_i w_i + r\frac{\overline{K}}{T} + \frac{IT_i}{N_i} = \sum_{m \in M} p_i^m d_i^m \tag{A-1}$$

ただし，U_i：地域 i の効用関数，d_i^m：地域 i 財 m の合成財消費水準，p_i^m：地域 i 財 m の合成財価格（消費地価格），β_i^m：地域 i 財 m の消費分配パラメータ $\left(\sum_{m \in M} \beta_i^m = 1\right)$，$w_i$：労働賃金率，$r$：資本レント，$\overline{K}$：資本保有量，$\bar{l}_i$：一人当たりの労働投入量 $\left(\bar{l}_i = \overline{L}_i / N_i\right)$，：$IT_i$：地域間所得移転額，$N_i$：地域 i の人口，T：総人口 $\left(T = \sum_{i \in I} N_i\right)$

上式より，消費財の最終需要関数 d_i^m（一人当たりの最終需要財の需要量）が得られる。

$$d_i^m = \beta_i^m \frac{1}{p_i^m}\left(\bar{l}_i w_i + r\frac{\overline{K}}{T} + \frac{IT_i}{N_i}\right) \tag{A-2}$$

（3） 企業行動モデル

地域 i の財種別 m を生産する産業 m の生産構造を図表5-11のような階層

図表5-11　企業行動モデルの階層構造

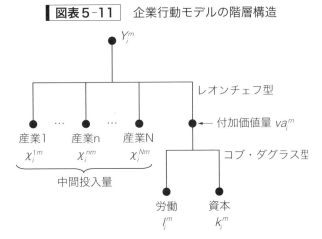

出所：筆者作成。

構造と仮定する。

　各地域には生産財ごとに一つの企業が存在することを想定し，地域 i において財 m を生産する企業の生産関数を第1段階ではレオンチェフ型で仮定すると以下のようになる。

$$Y_i^m = \min.\left\{\frac{v_i^m}{a_i^{0m}}, \frac{x_i^{1m}}{a_i^{1m}}, \cdots, \frac{x_i^{nm}}{a_i^{nm}}, \cdots, \frac{x_i^{Nm}}{a_i^{Nm}}\right\} \tag{A-3}$$

ただし，Y_i^m：地域 i 財 m の生産量，v_i^m：地域 i 財 m の付加価値，x_i^{nm}：地域 i の産業 n から産業 m への中間投入量，a_i^{nm}：地域 i の産業 n から産業 m への投入係数，a_i^{0m}：地域 i 財 m 企業の付加価値比率。

　さらに，付加価値関数をコブ・ダグラス型で仮定すると以下のようになる。

$$v_i^m = A_i^m \left(l_i^m\right)^{\alpha_i^m} \left(k_i^m\right)^{1-\alpha_i^m} \tag{A-4}$$

ただし，l_i^m：地域 i 財 m の労働投入，k_i^m：地域 i 財 m の資本投入，α_i^m：地域 i 財 m の分配パラメータ，A_i^m：地域 i 財 m の効率パラメータ。

　付加価値生産に関する最適化問題は次式のような生産技術制約下での利潤最大化行動と仮定する。

$$\begin{aligned}\text{max.} \quad & va_i^m - w_i l_i^m + r k_i^m \\ \text{s.t.} \quad & v_i^m = A_i^m \left(l_i^m\right)^{\alpha_i^m} \left(k_i^m\right)^{1-\alpha_i^m}\end{aligned} \quad (\text{A-}5)$$

ただし，va_i^m：付加価値生産額（$=a_i^{0m}q_i^m Y_i^m$）。
上式より，生産要素需要関数 l_i^m，k_i^m と中間投入需要量 x_i^{nm} が得られる。

$$l_i^m = \frac{\alpha_i^m}{w_i} a_i^{0m} q_i^m Y_i^m \quad (\text{A-}6)$$

$$k_i^m = \frac{1-\alpha_i^m}{r} a_i^{0m} q_i^m Y_i^m \quad (\text{A-}7)$$

$$x_i^{nm} = a_i^{nm} Y_i^m \quad (\text{A-}8)$$

さらに，産業の生産関数が規模に関して収穫一定であるため，産業の超過利潤はゼロとなり，かつ，価格受容者である産業が直面する財価格は単位生産量当たりの生産費用（平均費用）に等しくなる。その結果として，以下の式が成立する。

$$q_i^m = \frac{a_i^{0m} w_i^{\alpha_i^m} r^{1-\alpha_i^m}}{A_i^m \left(\alpha_i^m\right)^{\alpha_i^m} \left(1-\alpha_i^m\right)^{1-\alpha_i^m}} + \sum_{n \in M} \alpha_i^{nm} p_i^n \quad (\text{A-}9)$$

ただし，q_i^m：地域 i 財 m の生産地価格，p_i^n：地域 i 財 n の消費地価格。

（4） 交易モデル

各地域の需要者は，ある程度限定的な範囲で，消費地での価格が最小となるような生産地の組み合わせを購入先として選ぶと仮定する。地域 i に住む需要者が生産地 j を購入先として選択したとし，その選択に含まれる誤差がガンベル分布に従うと仮定すると，その選択確率は集計ロジットモデルで表現できる。なお，ここでは，中間投入財の調達構造も，消費者と同様な選択を行うものと仮定している。

$$s_{ij}^m = \frac{y_j^m \exp\left[-\lambda_j^m q_j^m \left(1+\phi^m t_{ij}\right)\right]}{\sum_{k \in J} y_k^m \exp\left[-\lambda_k^m q_k^m \left(1+\phi^m t_{ik}\right)\right]} \tag{A-10}$$

ただし，y_j^m：地域 j 財 m の付加価値額，q_j^m：地域 j 財 m の生産地価格，s_{ij}^m：財 m について地域 j が地域 i の生産物を選択する確率，t_{ij}：地域 ij 間の所要時間，λ_j^m：地域 j 財 m の価格に関するパラメータ，ϕ^m：財 m の時間価値パラメータ．

（5） 市場均衡条件

ここで，各地域の需要合計は以下のように定式化できる．

$$X_i^m = \sum_{n \in N} x_i^{mn} + N_i d_i^m \tag{A-11}$$

ただし，X_i^m：地域 i 財 m の需要合計．

本モデルでは，産業の生産関数として規模に関して収穫一定の形式を仮定しているため，産業は常に需要に見合うだけの生産を行うことになる．したがって，地域 i 財 m の供給合計は，次の式が成立する．

$$Y_i^m = \sum_{j \in J} \left(1+\phi^m t_{ij}\right) s_{ij}^m X_j^m \tag{A-12}$$

消費地価格についても，次式のように生産地価格の加重平均値として定義可能である．

$$p_j^m = \sum_{i \in I} s_{ij}^m q_i^m \left(1+\phi^m t_{ij}\right) \tag{A-13}$$

さらに，以下の生産要素市場の均衡条件が成立する．

労働市場 $\quad \sum_{m \in M} l_i^m = \overline{L}_i \tag{A-14}$

資本市場 $\sum_{m \in M} k_i^m = \overline{K}_i$ (A-15)

　ここまでが本章で採用している SCGE モデルであり，これらを資本価格，労働賃金率を未知数として方程式体系を解くことで一般均衡解を求めることが可能となる。モデルにおけるパラメータの詳細や均衡計算のアルゴリズムに関しては，上田［2010］，小池・佐藤・川本［2009］を参照。

▶注
1　3便益とは国土交通省が示した道路整備の費用便益マニュアルで定義した，走行時間短縮便益，走行費用減少便益，交通事故減少便益を指す。
2　インフラ整備評価のための SCGE 分析の歴史に関しては Ivanova［2014］参照。
3　当然，SCGE モデルでは誘発需要などを計算しているため，利用者便益（あるいは，時間短縮便益）よりは若干大きな便益が計測される可能性がある。
4　事後分析とはいえ，道路がなかった場合（つまり，反事実）に関する観察データは存在しないため，厳密な検証ではない点は注意が必要である。
5　その理由として，CES 関数では交易が 0 の地域があらたに交易を始める場合が再現できない。あるいは，CES 関数では安定的な弾力性の設定が難しいなどの問題があるためである。
6　モデルの設定上，通勤行動を考えていないため，通勤が閉じていると考えられる生活圏を対象としている。
7　通常（S）CGE 分析の再現性とは，現況再現性を意味し，これはキャリブレーションという方法を用いているため，つねに完全に再現可能である。ここでは政策を実施した効果の再現性を，モデルの再現性として定義している。
8　本来は SCGE の計算と同期間の変化と比較すべきであるが，リーマンショックなどの影響から，今回は 2010 年から 2015 年の変化と比較している。
9　当然，予測があたっている地域にもその理由をヒアリングすべきであるが，現在は行っていない。
10　当然，これを断言するにはさらなる長期的な実証分析の蓄積が必要である。

▶参考文献
上田孝行［2010］『Excel で学ぶ地域・都市経済分析』コロナ社。
小池淳司・佐藤啓輔・川本信秀［2009］「空間的応用一般均衡モデル「RAEM-Light」

を用いた道路ネットワーク評価—地域間公平性の視点からの実務的アプローチ」『土木計画学研究・論文集』Vol. 26, pp.161。

Brocker, Johannes [1998] "Operational Spatial Computable General Equilibrium Modeling." *The Annals of Regional Science*, 32, pp.367-387.

Brocker, Johannes & Mercenier, Jean [2011] "General Equilibrium Models for Transportation Economics." *Handbook of transport economics*, pp.21-45, Edward Elgar Publishing.

Graham, Daniel J. & Dender, Kurt Van [2011] "Estimating the Agglomeration Benefits of Transport Investments: Some Tests for Stability." *Transportation*, 38, 409-426.

Ivanova, Olga [2014] "Modeling Inter-Regional Freight Demand with Input-Output, Gravity and SCGE Methodologies." *Modelling Freight Transport*, 13-42, Elsevier.

Roson, Roberto [1994] "Transport Networks and the Spatial Economy: A General Equilibrium Analysis." *Umea Economic Studies*, No. 340.

Shoven, J. B. & Whalley, J. [1984] "Applied General-equilibrium Models of Taxation and International Trade: an Introduction and Survey." *Journal of Economic Literature*, 22: 1007-1051.

Yamazaki, Masato, Koike, Atsushi & Sone, Yoshinori [2018] "A Heuristic Approach to the Estimation of Key Parameters for a Monthly Recursive Dynamic CGE Model." *Economics of Disasters and Climate Change*.

(小池　淳司)

第 2 部

インフラが果たすこれからの役割

第 6 章

都市の魅力
何が都市の成長をドライブするのか[1]

[本章のねらい]
　何が都市の成長をもたらすのかについて，伝統的な都市経済学の解釈，1990年代からの新経済地理学の議論のほか，近年の議論を概観する。都市の成長の見方がもたらす政策的帰結を考察する。

[本章を通じてわかったこと]
　都市の成長，集積をもたらす力としては，雇用の拠点への通勤だけでなく，近年は都市の魅力・アメニティが重視されるようになってきている。それらが都市構造，都市内空間のあり方に与える影響は大きい。

[政策的な示唆・メッセージ]
　都市の魅力・アメニティが活かされるような都市・住宅政策や交通インフラ，空間のつくり方が検討されるべきである。

1 本章のねらいと概要

　本章では，都市を成り立たせる力が都市内交通を使った雇用の拠点への「通勤」などによるものであるとする伝統的な都市経済モデルと，1990年代以降の「新経済地理学」の議論を踏まえつつ，近年，経済学の内外で議論されている都市の魅力・アメニティとその空間的な効果とその見方について概観する。

　都市経済学のモデル上，都市を成り立たせているのは紛れもなく交通であり，交通インフラはそこに重要な役割を果たしている。1960年代に都市経済学の標準モデルとなった「単一中心都市モデル」は，都市の中心ビジネス地区（CBD）に都市住民が通勤することを想定して構成されており，それが1990年代に至るまで都市経済学の中心的なモデルとして扱われてきた。その後，Krugman[1991]らが，貿易論で議論されてきた二点間の財の交易や交通費用といったツールを用いつつ，都市の集積などの地理学において議論されてきた事象に一定の分析手法を与え，「新経済地理学」という分野を打ち立て，現在も議論が続いている状況であるが，そこでも交通は中心的な役割を果たす。

　一方で，本章では，そうしたモデル構築の前に，なぜ都市が成り立つのか，なぜ集積するのかということについてのGlaeser[1998]の考察を踏まえつつ，現実の個々人の行動に関して，経済学の枠にとらわれない議論を概観する。そこで浮かび上がってくるのは，交通に関する重要性は揺るがないものの，「雇用」が都市の源泉であるとする典型的なモデル上の取扱いと異なる，「消費」が都市を形づくるという見方である。

　都市において雇用が重要なのは疑う余地はないが，雇用は一体何に引き寄せられるのか。実は，雇用される人は生活者・消費者でもある。都市が「雇用」により形づくられるのか，都市が「消費」によって形づくられるかは，論争が続いているが，ここではあえて，「消費」の源泉である「魅力・アメニティ」について，それが都市において無視し得ない存在であることを強調する。

　本章では第2節で都市経済学の理論的な背景を概観し，第3節でアメニティや都市の魅力が都市構造や都市内のあり方にもたらす効果，第4節において，わが国が直面する人口減少を踏まえた都市や空間のあり方について考察する。

第5節はまとめである。

2 都市とは何か

(1) 都市は死にゆくのか？

　都市とは，私たちにとって一体何であるのか。仕事をする場所であるのか，娯楽の場所やたたずむ場所であるのか，子どもの成長を願い，その子どもを育てる場所であるのか，死にゆく場所であるのか。この問いの答えは，人によって異なるものである。

　過去には，都市，あるいは都市化というと，それをネガティブな意味でとらえる向きもあった。自然あふれる森が破壊され，混雑し，昔ながらの水辺が現在の環境に改変されることについて，望ましくないものと見る人もいた。

　未来科学者のアルビン・トフラー（Toffler, Alvin）らは，情報技術の発展などにより，人々の情報伝達が空間的なものを乗り越えて瞬時に行われることなどにより，都市が意味を持たなくなると考えた。こうした言説を踏まえ，1998年にハーバード大学のグレーザー（Glaeser, E. L.）は，「都市は死にゆくのか（Are cities dying?）」（Glaeser［1998］）という論文を書き，都市であることの意義，都市の今後の道行きについて論じた。

　Glaeser［1998］は，20世紀において全世界的に都市化が進んだことを指摘しつつ，今後の都市化のあり方については，都市に集まることの便益が費用を上回るかどうかが左右するとした。そして，人と情報を移動させることのコストや対面の重要性を重視し，都市が死にゆく危険性は顕著ではないと結論付けた。

　その根拠の一つとして，対面でなく電話による情報交換のみに頼ろうとすると，少なくとも電話の片側が何らか情報交換を事前に計画していなければならず，それに至らないような些細な情報交換が困難になるとする。したがって，たとえば，Jacobs［1969］で描かれる都市の定義である「様々な人が集まり，交流が生まれることで情報の交換が促され，互いに刺激を与えあうことが可能となる地域」という意味での都市のあり方は困難になる。また，「そうした場所でこそ可能であることとして独創的なアイディアや技術が生み出され，結果

として持続的な成長を可能とする」とされるようなことも難しい。

　超長期的に見れば情報技術の進化は，対面による情報交換との差を曖昧にしていく側面もあると考えられるが，Glaeser [1998] は，日本の都市を例にした研究や近年におけるビジネス旅行の増大を例にして，都市の増大と情報技術の発展に負の相関はないとしているなど，現時点あるいは近い将来の技術力においては，情報化が進んだからといって，都市の必要性が失われることはないと考えられる。

　一方，Glaeser [1998] は同時に，都市における負の集積効果である混雑費用については，その影響を重要なものと位置づけていた。とくに当時の米国においては，犯罪，混雑，汚染などが深刻になっており，西海岸の中規模の都市においては都市が発展するであろうとしていたものの，東部の古くからの都市など都市中心部のスラム化が起こっている都市などについては，地方政府などによる環境改善などの必要があるとした。

（2）空間としての都市の分析：集積の力と都市の形態

　ここで，集積を含めた都市の成り立ちと成長を促す要因について経済的に分析する都市経済学が都市をどう扱うかについて紹介する。都市経済学の標準的な理解については，金本・藤原 [2016] のうち，とくに集積を扱った第7章などを参照されたいが，以下では，米国などにおける都市構造の歴史的経緯を含めて都市構造のあり方についてより幅広く考察した Anas, Arnott & Small [1998] を参照しながら，その理解の枠組みを概観する。

①　欧米の都市の変遷と「単一中心都市モデル」

　米国においては，産業の状況や輸送技術の変化などによって都市が変貌を遂げており，古くは，港周辺の工場とそこに勤める労働者が住む地域としての都市が形成されてきたが，その後，電話の発達や物資を輸送する鉄道の登場などによって都市間交通などの費用・所要時間などが変化してきた。その後，自動車交通の発達によって，人が移動できる範囲が拡がり，各都市の外延部が拡がっていくようになった。欧州の各都市においては，古くからある都市範囲と構造を守りつつ，近代の経済社会に対応してきた。

こうした中で，都市に関する理論的な構造を最初に描いたものが，Alonso［1964］の「単一中心都市モデル（Monocentric City Model）」であるとされる。このモデルにおいて中心的な役割を果たす地代曲線（Land Rent Gradient）は，中心地に対する通勤または交通による費用（中心地からの距離に依存）によって描かれるとし，Mills［1972］によるモデルの対数を使った定式化（コブ・ダグラス関数による簡略化）を用いると，以下のように表現できる。

　　地代曲線：Log（地代）＝中心地の価格－係数×（中心地からの距離）

このモデルは，地代の状況だけでなく，都市の規模や範囲に対する含意もある。つまり，各都市はこの地代曲線がゼロになるまでの部分で形成され，その外側は，仮に地代がゼロであっても誰も通勤する者がいなくなって住む人がいなくなる，いわゆる都市でなくなると想定する。また，ビジネスと住居の用途で地代曲線の傾きが異なるため，ビジネスの立地が中心地周辺において中心ビジネス地区（CBD）を形成し，住居地域はその外側に形成されるとする。

これらを図示すると，図表6-1のようになる。この都市住民の行動を中心地への通勤または交通に絞り，都市間モデルもなく，後述のように都市の動的な動きも表現しないこの単純化したモデルは，さまざまな限界を抱えている。

実際，このモデルについては，一部学者からは現実に合わなくなっているとする指摘もある中，Anas, Arnott & Small［1998］は，とくに，近年の欧米の各都市の地代曲線を測定し，それらが19世紀から20世紀にかけて傾きが小さく

図表6-1 単一中心都市モデルにおける「都市」の想定

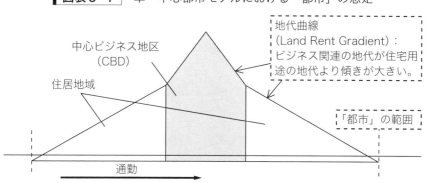

なってきている(都市が分散化してきている)実証的な事実を指摘している。また,近年の複数の都市中心の出現などの影響を指摘しつつ,「単一中心都市モデルは,都市経済,とくに通勤費用の役割を考える上で素晴らしいコンセプト・ツール」であると評価しつつ,その一方で,「現代都市で観察される空間構造を説明することについては,出発点(Starting Point)以上のものではない」と述べるなど複雑な評価を下している。

② 複数の中心(雇用中心)と新経済地理学

さらに,Anas, Arnott & Small [1998]は,ロサンゼルスを例にとり,都市としてのロサンゼルスの雇用の中心が複数化・複雑化してきていることを示している。注意しなければならないのは,雇用(主に雇用人数)や外形的な市街地の密度の中心と地代・地価の中心とは異なるという点である。たとえば東京を上空から空撮した場合を考えてみればわかりやすいが,東京でも,銀座や大手町のような東京駅中心だけでなく,新宿,渋谷など,さまざまな雇用や商業の中心地・集積があって,それらを単純に見ると東京でも山手線の駅ごとに複数の中心地があるのではないかと思えないだろうか。

実際には,観察される地価を平均化してプロットした地価曲線を見てみると,少し違った見方ができる。東京の地価曲線(公示地価を用いたもの)は,たとえば,Muto [2006]において図表6-2に表されているように単一都市構造モデルが示す形に近い地価曲線の形状を示している。細かく見ると,新宿付近に若干の「こぶ」があり,東京の東側と西側で地価曲線の傾きが非対称で西側に向けて緩やかになっているなどの特徴があるものの,あくまで東京駅・銀座付近が東京の地価の最高点であり,他に肩を並べることがない中心地であることを示している。

このように,一つの都市において単一的な地価の中心と複数の雇用や経済の中心地がある状況は同時に成立するものであり,単一中心都市モデルは一定の有効性を保持しつつも,世界的には2000年代に入って都市の周辺部における雇用あるいは経済の集積について多くの理論的あるいは実証的な分析がなされた。

とくに,米国においては,ロサンゼルス市南東のオレンジ郡に新たな雇用の中心が生まれるなど,いわゆる「エッジ・シティ(Edge City)」と呼ばれる都

図表6-2 東京における地価曲線（2000年地価公示データに基づく）

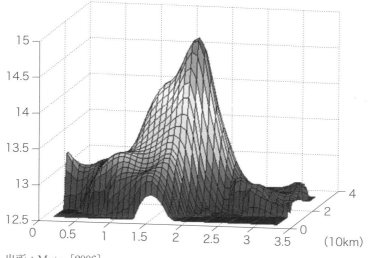

出所：Muto [2006]。

市の周辺部における新たな雇用などの中心が生まれる現象が学術の場でも取り上げられるようになった。

　こうした現象を説明するのに，それまでの標準的な都市経済学などの理論的枠組みを超え，多くの研究者，実務家などに影響が与えたのが，Krugman [1991] により提唱された「新経済地理学」と呼ばれる分野・手法である。これは，貿易論で議論されてきた二点間の財の交易や交通費用といったツールを用いつつ，都市の集積などの地理学において議論されてきた事象に一定の分析手法を与えるものである。とくに Krugman [1993] において示されていたモデルは，土地や地代といった，従来の都市経済学や地理学で通常考慮されるべきとされていたものを捨象し，たとえば，土地が動かすことができないということを表す方法として，小作人である農家が一定の線上に均等に分布していると仮定しつつ，数理モデルを用いて分析を行った。

　その後，クルーグマン自身も含め，さまざまな学者が当該モデルを拡張し，都市の成長を描く動的モデルなどが学術誌などに多く掲載されてきたが，必ずしもこうしたアプローチが，各国の行政や実務レベルでの検討に反映されてい

るわけではなく，現在もさまざまな議論が行われている状況にある。

　クルーグマン自身は，2010年に「米国地理学者協会」に行われた講演において，そうした数理モデルがそもそも現実性を重視していたものではなく，むしろ，あえて非現実的なものであったとしている（Krugman [2010]）。その一方で，経済学で比較的一般に用いられてきた手法を活用することで，地理学で議論してきた都市の集積のあり方に新たな一石を投じる取組であったとしている。彼は，開発からおよそ20年が経って，この新経済地理学と呼ばれる検討によって，経済分析を行うエコノミストや研究者が立地や都市構造を考慮するようになったことそのものが大きな進歩であるとしている。

（3）「都市の魅力」の発揮

　都市経済にまつわる幅広い文献をレビューしたAnas, Arnott & Small [1998] ですら，「集積」こそが都市の存在意義であるとしつつも，その実態については不確定で部分的にしか理解されていないとしている。

　集積が大事なら，なぜ一つの企業で生産が行われないのか，なぜ一部の情報が企業内で共有され，一部は外部と取引されるのか。なぜ，対面の交流が大事であるとされる一方，一部は電話で済まされるのか。こうした問題には，経済学は，取引費用，不完全契約，信頼，柔軟性などをもって説明しようとするが，それも集積の経済の全体像を説明する上で必ずしも十分なものではない。

　こうした中，グレーザーは，Glaeser [1998] において将来の都市像を占ってから15年以上が過ぎた時点での米ガーディアン紙のインタビューの形で，近年の都市の発展とアメニティ・魅力について語っている（Glaeser [2015]）。そこでは，過去に都市に対するネガティブなイメージがあったことを示唆しつつ，「それはもう当てはまらないものになった。（米国では）1990年代までには，都市は多くの人々が好むような都市はアメニティ・魅力を提供するものになった。」としている。

　グレーザーは続けて，「あなた方の仕事と屋外での生活との間の連続した接続が多く見られるに伴い，都市において暮らすということが自然になっている。もしすべての人がどこかから来てすぐにいなくなるのであれば，そうした連続した接続が困難になる」と述べている。

この言葉は，米国では，都市における生活においては，家庭（First place），職場（Second place），そして，カフェや滞留空間などのサードプレイス（Third place）が必要であるとする議論が先行していることが言葉の背景にあると考えられる。「サードプレイス」の概念は，都市社会学者であるオルデンバーグ（Oldenburg, L.）が紹介したとされているが，オルデンバーグは，サードプレイスが都市のコミュニティと社会生活において重要であり，酒場，カフェ，総合商品店や他のサードプレイスが地域の民主主義やコミュニティの活性化につながると解いている。

　わが国ではどうだろうか。これまで，犯罪に関しては米国に比して相対的に多くはないが，通勤地獄，都市河川の汚染，大気汚染・騒音などさまざまな逆アメニティ（Disamenity）が意識され，理論的にも踏まえられてきている。その一方で，アメニティや魅力が都市の集積を左右するという考え方は，一部実務家や生活者の実感として語られているほかは，理論的な分析の枠組みとしては，必ずしも一般的なものになっていないのではないか。

　以下では，都市を形成・成長させる中心的な力である「集積」について，必ずしも学問的には十分な要素分解ができていない中で，魅力やアメニティといったことが集積にもたらす影響の可能性やその考え方について紹介する。

3　都市の成長とアメニティの集積

（1）何が都市の成長をもたらすのか？

　人々は，自由に移動することで，自分にとって最もふさわしい場所を探す。一人の時は自分にとって，結婚して二人になれば，その二人にとって，子どもが生まれたり，親と同居をしたりすることとなれば，その家族にとって最もふさわしい場所を探す。たとえ一人で生計を立てているとしても，家族との絆を大切にするアジア民族にとっては，家族という基盤に基づく集合的な意思決定として，自分の住む場所を探すことが多い。

　そこに時間軸を入れれば，必ずしも一つの場所で一生を過ごすわけではない。それぞれの都市に住まう主体の外生的な環境の変化によって，住み替わることになる。中学や高校，大学に進学すれば，それがある場所に住む。仕事を得れ

ば，またそれが変われば，住み替えていくことも多い。そのように考えると，教育を受ける機会や仕事を得る機会が多くある場所には，人が移り住んでいくということになる。

　もし，そのような外生的な要因がないとすれば，多くの人々にとってふさわしいと思われる場所に人は集積し，そこに都市が形成されていく。そのような時には，それぞれの人にとってふさわしい場所とはなんであるのかという疑問が出てくる。

　ここで，都市というものを主語に変えれば，その成長を説明する概念を考えることになろう。この問題については，近年では，「都市にどのような特徴を持つ人々が居住するか，そしてそれがどう移り変わっていくか」が，都市の成長に深く関わりあっているという考えが注目され始めている（Storper & Scott［2009］）。つまり，一度都市が形成されてしまえば，その空間は動かすことができないために，そこにどのような人々を呼び込むかによって都市の顔が変わってしまうことを意味する。

　すなわち，現在において都市の成長とは，そこに集まる人々の能力――とくに新しい知識やアイディア，技術を生む創造性（creative）――に依るところが大きいのである。いわゆるイノベーション（innovation）をどの程度起こすことができるのか，集積の利益をどこまで最大化できるのかということが重要になるのである。

　このような議論が沸き上がる中で登場してきたのが，Consumer City Theory（Glaeser, Kolko & Saiz［2001］）である。単一中心都市モデルにはじまる一連の経済地理学，都市経済学のモデルでは，都市では生産といった意味での有利性があり，消費といった側面では不利であると考えられてきた。生産の拠点が都市の中心にあり，その周辺に住宅と消費の機会を提供する商業用施設が集積するということを想定してきたのである。しかし，そのような基本的な枠組みでは，現在の世界的に拡大しているかのように見える巨大都市への集積は説明できなくなってしまったのである。そうすると，都市の集積をもたらす要因（ドライバー）はなんであるのかということになる。

(2) 創造豊かな人材 (Creative Class) の集積

　それでは，都市の成長を支え得る創造性豊かな人材 (creative class) の移住を促し，その集積を図るにはどうしたら良いのか。

　創造的な人々は居住地を選ぶ際において，高い賃金や安い家賃などの経済的側面よりも，文化的側面—特に都市アメニティ（以下「アメニティ」とする）へのアクセスに代表される生活の質—を重視する傾向が強いと指摘されている (Glaeser, Kolko & Saiz [2001], Adamson, Clark & Partridge [2004])。

　人々の生活の質を押し上げるアメニティの具体例としては，活気に満ちた音楽やアートのコミュニティ，映画館，レストラン，壮麗な建物や質の高い学校，図書館，美術館などが挙げられる (Silver, Clark & Navarro [2010])。人々がこうしたアメニティがもたらす文化的消費の機会を重視するようになった理由には，かつての労働集約型の企業が大部分を占めていた経済構造から，現在では情報と知識集約型産業が主となる形へとシフトし，人々の生活において余暇を楽しむ機会が増えたことが挙げられる (Fogel [2000], Glaeser, Kolko & Saiz [2001])。

　こうした傾向を受けて，都市の役割も単なる「生産のための場」から「消費のための場」へとシフトしてきたと言われる (Glaeser, Kolko & Saiz [2001])。すなわち，その都市においてどのような「文化的な消費」をすることができるかどうか，そして都市の発展を支える創造的な人材を惹きつけることができるかどうかが都市の発展の鍵となる。また，とくに Florida [2002] は，富裕層や，創造的な人材を惹きつけるためには都市がより多様性の豊かな文化的消費を可能とすることが重要であると指摘した。

　都市の成長の度合いを示す指標には，就業の機会の拡大や，居住者全体もしくは富裕層の人口の増大，および収入や家賃の上昇などさまざまなものがある。これらの指標を元に，アメニティが都市の成長に影響を与え得ることを実証した研究は多い。たとえば，アメニティとその周辺住民の社会的属性との間には強い関連性があることが過去の研究において示されている。公園や緑地，医療施設，小学校などその他多くのアメニティへのアクセシビリティと周辺住民の社会的属性の間に関連性が認められており，多くの場合，こうしたアメニティへの優れたアクセシビリティを有しているのは富裕層であり，アメニティがこ

うした社会的グループを惹きつける傾向があることを示している（Yasumoto, Jones & Shimizu［2014］，Comber, Brunsdon & Green［2008］，Christie & Fone［2003］，Talen［2001］）。

　実証的にも，知識やアイディアというものは公共財としての性質を持ち，人々の間での伝達や共有が際限なく広がり，繰り返され，かつ他のアイディアと結びつくことで新しい発想が生まれるとされている（Storper & Scott［2009］）。

　また，Glaeser, Kolko & Saiz［2001］は米国において，アメニティが充実している都市ほど人口が多いことを示し，Navarro, Mateos & Rodriguez［2012］は，スペインを対象にした研究においてアメニティによる質の高い文化的消費の機会が得られる地域ほど，居住者の収入が高いことを示した。

（3）スター誕生

　しかし，単純に生産要素の集積やアメニティの集積だけでは，ニューヨーク，ロンドン，東京，香港，そしてシンガポールなどの大都市の集積や魅力を説明することはできない。Gyouko, Mayer & Sinai［2006］では，「スーパースターシティ」と題する論文において，米国の大都市または都市の中でも集積が大きな地域が経済を牽引してきたことを説明した。

　たとえば，米国全体の住宅価格の上昇がイノベーションなどの結果としてもたらされる生産性の向上や生活の質の向上を代理しているとすると，一部の大都市がそのような上昇を牽引していることが明らかにされている。

　ここで，経済におけるスターの存在と役割を考えてみよう。アメリカの経済誌『フォーブス』は，毎年，世界の個人資産番付（The World's Billionaires）を公表している。2015年の結果を見ると，10億ドル以上の個人資産を持つ富豪は全世界に1,826人であった。彼らは，経済界のスーパースターである。スターは，それぞれの分野で多く存在するものの，スターの中でもスーパースターの存在は，極めて重要である。

　そのようなスーパースターの国別の数字を見ると，やはり第一位は米国の586人であり，日本は，24人と17位である。ここで，人口対比で比較してみると，アメリカは日本の8.9倍，シンガポールは18.67倍，香港に至っては40.6倍と大

きな差が生まれている。

　彼らの多くは，大都市に住まう。そうすると，このようなスーパースターの地域的偏在は，都市の格差にもつながっていると考えた方が自然である。そのような利益を生み出す主体が存在する都市には，莫大な利益が発生し，そして配分されているからである。

　逆説的に考えれば，都市の中に，知識やアイディアといったものが，人々の間での伝達や共有が際限なく広がり，繰り返され，かつ他のアイディアと結びつき，イノベーションが起こることで爆発的な利益が発生し，そのようなイノベーションを起こした主体に対して富が集積されている。これは最初はローカルの中で起こり，世界へと拡がりを見せていく。

　このようなことは産業だけではない。スポーツやミュージックなどの世界においても発生しているが，都市力との対比で見たときに大きく二つの違いが出てくる。スポーツや音楽の世界と比較し，都市は動くことができないので，世界中を回ってスポーツや音楽などの興業をすることはできない。しかし，世界中から人を集めることはできる。スーパースターシティの条件として国際化，またはグローバルといった要素は欠かすことができないといっても良い。

　さらに，一定のローカルマーケットの中では多数が存在することはできないということである。ここでいうローカルマーケットとは，都市においては空間的なものと機能的なものに分けられるであろう。たとえばアジアにおいて多数のスーパースターシティは存在することはできない。国際金融都市の拠点やIT技術の拠点など，ある地理的範囲において1位にならない限り，大きな収益がもたらされることは困難になってくる。

　それでは，そのようなスーパースター都市はどのように創造することができるのであろうか。どのような条件を具備したときにスーパースター都市になれるのか。この問題は，ここでは明確に示すことができない。しかし，都市の有りようを考えていくにあたり，それぞれがこの問題の解答を見つけなければならないことだけは確かであろう。

（4）ローカルスターとアメニティ

　ここで，スーパースターシティとアメニティ，産業との関係を見てみよう。

ビル・ゲイツは，マイクロソフト社を立ち上げて，全世界にIT革命を起こした。新しい産業を創出することで技術革新を起こし，莫大な利益をもたらしたのである。ビル・ゲイツの年収を見ると，＄3,916millionとずば抜けて高いが，それは，スポーツ選手のTop30とミュージシャンのTop30の年収の合計とほぼ等しい。このことは，スポーツや音楽といった広い意味でのアメニティが生み出す60人の経済的なエネルギーは，世界中に巨大な組織を作り上げ，そのトップに君臨するビル・ゲイツに匹敵することを意味する。

つまり，IT，金融，エレクトロニクスなどといった産業の集積する経済的利益だけでは都市の魅力を語ることができず，アメニティの集積もまた極めて大きな経済的なエネルギーを持つのである。このようなアメニティは，特別なものだけではない。ローカル市場でも，またはより地域詳細単位でも，アメニティの集積は起こり，そして，われわれに対して消費の機会を与える。また，そのような集積はさらに集積を呼び，循環を生む。逆に，負の循環も起こる。一度，アメニティの歯抜け・退出が起こりはじめると，さらなる空洞化が進むことが少なくない。

アメニティの都市の成長への影響について調査する際には，全体の人口の増加もしくは富裕層などの増加および収入などの人々の就労をめぐる状況の変化などを都市の成長の指標としてみるだけでなく，生活圏に近いレベルでの空間的な範囲に対して注目したものもある。そのような地域レベルに注目すると，土地の供給量が一定であることから，家賃の変化によって集積の経済的な効果を見ることができる。

Shimizu et al.［2014］では，東京圏を中心として，アメニティの集積と家賃との関係を定量的に分析した。その得られた結果を見ると，都市アメニティの集積は人口の集積を生み，さらに住宅家賃を引き上げていることが示された。また，アメニティの集積の程度を測定する場合においては，アメニティの単純な数ではなく，アメニティの多様性が重要であることが示された。多様なアメニティの集積は地域としての魅力を高め，その結果として家計は高い家賃を支払ってでも立地しようとする。その中でも，趣味の教室や教育施設などの施設やレストランなどの利便施設が正の外部性を持っていた。このことは，前述したように，文化的な消費の機会が多いほどに人々が集積していることを示すも

図表6-3 首都圏のアメニティの多様性と集積

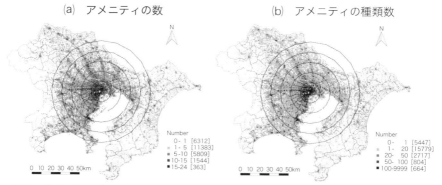

出所:清水［2015］。

のである。

（5）アメニティの集積

　アメニティの集積を観察しようとするときには，アメニティの数の集積だけでなく，その種類の多様性との両方を見る必要がある。また，アメニティの中には，住宅立地や住宅のサービス価格に対して，正に作用するものと負に作用するものとが混在していると考えた方が良い。

　ここで，24種類のアメニティのうち，何種類の施設が存在するのか（図表6-3(a)），すべての種類のアメニティを合計したときに，いくつの施設が存在するのか（図表6-3(b)），をみた。人口の空間的なばらつきと比較して，アメニティの都市中心部への集積は大きく，地域間での格差が大きいことがわかる。とりわけ，都心部ほど多様な種類のアメニティを享受することができることが鮮明に理解できよう。

　アメニティごとの集積の程度を個別に見てみると，飲食店（図表6-4(a)：Restaurants/Food）ではほとんどの地域にまんべんなく存在しているが，中でもバーや居酒屋（図表6-4(b)：Bar/Night Life）などに限定すると，特定の地域に固まっていることがわかる。また，衣服（図表6-4(c)：Clothing/Fashion）は都心部のより広域に集中している。このように，集積の程度こそ違えど，多くの空間的な範囲に存在するアメニティに対して，大使館等の国際

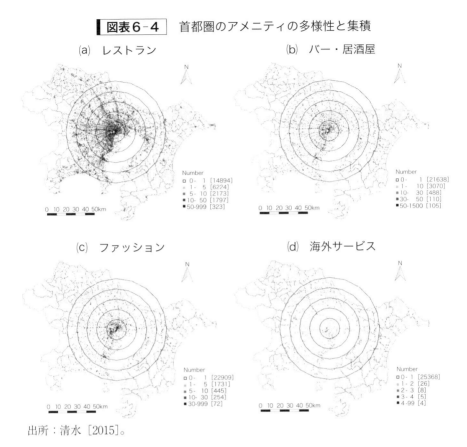

図表6-4 首都圏のアメニティの多様性と集積

(a) レストラン
(b) バー・居酒屋
(c) ファッション
(d) 海外サービス

出所：清水［2015］。

機関の施設（図表6-4(d)：Foreign Gov' Services）は，都心部の特定地域に集積していたり，そもそもの施設数が限定されていたりしており，数キロに一つの空間単位でしか存在しないようなものもある。

このような実態は何を映し出しているのであろうか。

アメニティの集積の空間分布を見たところ，アメニティの種類によっては特定の地域だけに集中していたり，その空間的なばらつきが大きく異なっていたりする。そうすると，単純なアメニティの数といった指標だけで測定しては，家計の消費水準，またはそのアメニティからもたらされる効用と明確な関係を見ることはできない。アメニティの数でなく，多様性にも注目しないといけな

いのである。

　そして，その多様なアメニティが集積しているところが，ローカルな意味でのスターとなって都市を牽引していると言えよう。

　そうすると，魅力のない都市，衰退している都市の姿も想像ができる。たとえば，企業（工場などを含む）が一時的に立地し，そこに雇用が生まれたとしても，十分なアメニティが集積することができなければ持続的に人を呼び込むことはできない。いくらそこでお金をもらっても，それを消費する機会がなければ，人は幸せになれないからである。そのような問題は，大都市の内部においても発生している。

　生産技術や生産の場としてのビジネス街中心のあり方から見方を変えると，都市のどのように多様なアメニティを集積させ，または創造し，そして，その集積によってローカルスターをたくさん生み出し，都市を牽引させることができる可能性がある。地方創生や都市再生の鍵はそこにあるといえるのではなかろうか。

4　人口減少・都市の縮退とアメニティ

　わが国の総人口は2008年の１億2,808万人をピークとして徐々に減少を開始しており，65歳以上の高齢化率（高齢者人口率）は2016年現在で27.3％となり，今後2050年に向けて37％超にまで増大する予測となっている。

　このような人口減少社会，超高齢化社会が進行していく中で，わが国の都市は魅力を失い，衰退の一途をたどるのであろうか。もちろん，「金の卵」という言葉に代表されるように，高度成長期において若い人材が産業・仕事を求めて都市に流入し新しい家族を養うといった形で都市が拡大・発展するという形に戻ることはおそらくないであろう。一方で，世界的に見ると，都市は，新たなアメニティ・魅力を創造し，それ自体の力で人を惹きつけ，発展を遂げることが可能であるとする新たな見方もある。以下に，前節で紹介したアメニティ・魅力に基づいたそうした都市の成長の可能性と政策的な含意について見ていきたい。

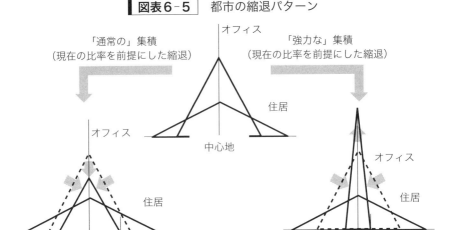

図表6-5 都市の縮退パターン

出所：清水［2015］。

（1）縮退する都市の議論

　人口減少・高齢化が進む中で，アセットメルトダウン，不動産価格の暴落が起こるのではないかといった議論が行われている（Saita, Shimizu & Watanabe［2016］）。

　従来の都市の集積を説明するモデルでは，都市は成長していくことが大きな前提にあったといっても過言ではない。しかし，わが国のように人口が減少し，都市の縮退が余儀なくされる多くの都市を抱える国では，都市はどのように縮退させていったらいいのか，またはどのように縮退していくのかといったことを議論しなければならなくなってきている。もちろん政策の中では，都市計画のありようといった意味での議論が先行し，法改正などに結びつけられているが，経済学的な裏付けは必ずしも強くないように感じられる。

　図表6-5は，グレーザーと共にConsumer City Theoryを提唱したマサチューセッツ工科大学のアルバート・サイツ（Saiz, Albert）教授と筆者の一人との共同研究の一部であるが，日本の都市がこれからどのように縮退していくのかをイメージしたものである。図表6-1で示したように，多くの都市では，ある一つの集積の場所があり，そこから距離が離れるごとに地代は低下してい

く。

　単純の政策的な介入がなく，自然と放置していったときには，左下のように都市の形状を変えることなく縮退していく可能性が高いのではないか。しかし，政策的に都市の中心に機能を集積させようとした場合には，右下のように一層と中心に集積を促すような施策も考えられる。または都市中心だけの現在の水準を維持しつつ，周辺部の縮退防止は断念するというような見方もあろう。

　このようなときに，集積の利益が存在するとしたならば，どちらのパターンで縮退させた方が都市全体のパイを大きくすることができるのかといった議論は極めて重要な問題となる。さらには，都市中心に何を集積させるべきかといったことも考えていかなければならない。そのような中でアメニティへの関心が高まり，そして都市の機能として改めて都市の中での創造性へと期待が寄せられているといってもいいであろう。

（2）多様性を育む都市

　シカゴ大学のクラーク教授は，かつての都市のあり方と違って現在では，土地の規模でも資本でもなく，人々の創造的なアイディアこそ経済の成長における最も重要な原動力であると説いた（Clark［2004］）。

　魅力ある都市を創造し，それを持続させるには，いかにしてスターを誕生させるのかといったことにかかっているといっても良い。世界的なスーパースターを誕生させることと，ローカルなスターを誕生させることが，都市の魅力を高めることであり，国の魅力を高めることにつながる。

　スターを誕生させるためには，数といった密度よりも，多様性が重要であることを示してきた。スーパースターを誕生させるには，単一の国からの来訪者を呼び込むだけでなく，多様な国からの来訪者を増加させないといけない。ローカルスターにおいても，多くの人を呼び込むためには，たくさんのアメニティを集積させるだけではなく，多様なアメニティの集積が重要となる。

　そのためには，都市の住まう人たちが多様な価値観を受け入れることが求められる。未来に向かって私たちはどのような選択をしていくべきであるのか。それぞれの都市がどのようなものを守り，どのようなものを捨て，どのようなものを都市の中で創造していくのか。これからの若い世代に受け入れられる

都市であり続けることができるのか。地方都市から大都市へ人口の流入が起こり、スーパースターとなって行く都市に移り住んでいくようなことがどの程度起こるのか。すでに起こっているのか。

　都市の魅力とは、国の魅力であり、そして、それを形成するものは、その中に住まうわれわれ一人ひとりの魅力である。冒頭で紹介したように、都市の成長には、「都市にどのような特徴を持つ人々が居住するか、そしてそれがどう移り変わっていくか」が深く関わりあう。選択される都市であり続けるにはどのような多様性を受け入れられるのか。それらが今、われわれが直面している大きな課題である。

(3) 空間が形づくる都市

　アメニティの集積が、都市に暮らす人々に十分意識されるためには、都市の空間が有効に機能していなければならない。つまり、都市間・都市内ともに、多様な魅力をもったアメニティが効果的に提供されるのが重要であり、アメニティがバラバラで容易に利用が難しい形で散逸していては、魅力的な都市とは言えない。もちろん、秘境を求める心というのは皆多かれ少なかれ持っているものであろうが、都市の魅力を増大させ、都市の集積を作り上げるようなものではないのではないか。

　ここで、「アメニティ」というと、個々の魅力ある場所、店などで、いわゆる「コンパクトシティ」でとらえられる都市全体、あるいは都市構造・国土構造といった尺度から見れば、相当細かい話に陥っていて、にわかにはそうしたアメニティの改善が一つの都市全体や都市構造に与える影響を想像しがたいかもしれない。

　そうした中で、米国あるいは世界各国で、「プレイスメイキング（Placemaking）」と言われる都市内の公園、広場などの拠点・場所としてのいわゆる「インフラ」を含む「公的空間」（パブリック・スペース）において場所の改善・創出などの取組がなされているが、ニューヨークを本拠として活動するProject for Public Spaces（PPS）と呼ばれる団体が提唱している"Power of 10＋"という考え方が参考になる[2]（図表6-6）。

　上記で示されるPlaceは、座るところ、プレイグラウンド（子どもの遊び場）、

図表6-6 PPSによるPower of 10+の概念図

Power of 10+の考え方（ニューヨーク市全体とブライアント・パークの関係）

出所：PPSウェブサイト
　　　（https://www.pps.org/article/the-power-of-10）より転載。

　音楽が演奏されている場所，ものを食べる場所などが図示されている通り，人が少し動けば触れることのできる相当程度の狭い範囲を含む「公園の一角」であると言うことができる。彼らの考えでは，これらの「場所」では，それぞれ10個以上の「やること」（things to do）があるべきであるとする。

　そして，われわれが都市あるいは地域の改善を考える時に対象としがちな範囲は，上記では「目的地（Destination）」と表され，中心市街地の「広場」，メインの「通り」，「公園」，「美術館」などのサイズ感，範囲である。これらの「目的地」が活性化し，良い「目的地」であるためには，その「目的地」の中に10箇所以上の良い「場所」が必要であるとされる。

　さらに，一つの都市全体が良くなるためには，10箇所以上の良い「目的地」があるとされ，実際に，昨今のニューヨークはそうした目的地が多種多様で魅力に富んでいる。2000年以前のニューヨークは，都市として発展しているものの，犯罪も多く危険で楽しみが少ない印象もあったが，犯罪の抑止などの取組の一方で，PPSなどの活動のほか，過去のインフラである廃線跡を効果的に活用したハイラインや麻薬密売人の温床であった公園を魅力と商業的価値のある空間に変えたブライアント・パークなどの新たな魅力ある場所が詰まった「目的地」を生み出した。また，ニューヨーク市当局が歩道の形態変更や自転車レーンの設置など行ったことにより，従来は車通りの多いネオンまぶしい観

図表6-7 首都圏の人口分布

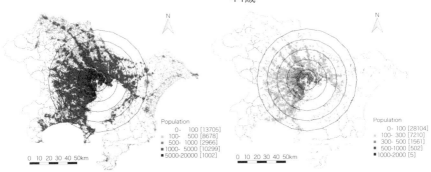

(a) 人口総数 (b) 第二次ベビーブーマー世代：40－44歳

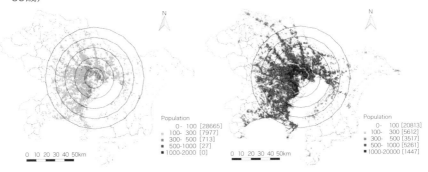

(c) 第一次ベビーブーマー人口（65－69歳） (d) 65歳以上人口（退職後）

出所：清水［2015］。

光地であったタイムズ・スクエアを含め，一定の自動車交通の容量を犠牲にして歩行者空間を生み出し，観光や地域住民がたたずんで楽しむことのできる空間となった。

（4）世代間の資産移転

ここで，首都圏を対象として，どのような地域にどのような人が集まり，そこにはどのようなアメニティが集積しているのかを見てみよう。

人口の分布としては，人口総数と併せて，第一次ベビーブーマー（65－69歳），

第6章 都市の魅力 145

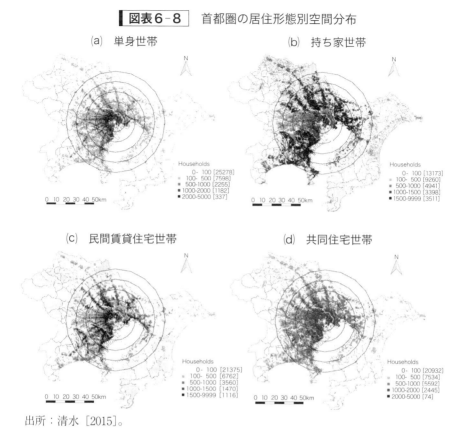

図表6-8 首都圏の居住形態別空間分布
(a) 単身世帯
(b) 持ち家世帯
(c) 民間賃貸住宅世帯
(d) 共同住宅世帯

出所：清水［2015］。

第二次ベビーブーマー（40-44歳），高齢者（After Retirement：65歳以上），に関して観察した（図表6-7）。

　全体の傾向としては，高齢者ほど都心に近いところに集中している様子が見てとれる。第二次ベビーブーマーは，特定の地域に集中しているというわけではなく，首都圏全体に分布している。このような傾向の背景には，住宅価格の高い都市中心部には，バブル前に住宅を取得した世代や比較的資産を持つ高齢者が集中する一方で，子育て世代は郊外へと拡がっているものと考えられる。このことは，空間的に異なる世代の分布に偏りがあり，そのことが世代間の資産格差をも表していることも意味している。

居住形態別分布を見てみると，単身世帯率が極めて高く，首都圏全体へとまんべんなく分布している（図表6-8(a)）。とりわけ都心部への集中は高い。住居の形態に注目すれば，持ち家が郊外への広がりを持つ空間間での格差が小さいのに対して（図表6-8(b)），民間賃貸住宅は都市中心部に集中している様子がわかる（図表6-8(c)）。また，共同住宅は都心部だけでなく，絶対数も多く，首都圏全体に拡がっている（図表6-8(d)）。

　このように，少なくともこれまでのわが国の大都市圏の土地利用は，必ずしも「魅力・アメニティ」が大きな要因とはなっておらず，過去は若者・ファミリーであった高齢者が比較的近いところに住み，若いファミリー層が戸建てなどで郊外に住み，それぞれで世代が動いていくことが想定される。

　もちろん，高齢期になって駅前のマンションなどに住むライフスタイルも一定の合理性があると考えられる一方，アメニティは都市の人口稠密地だけでなく，郊外，あるいは自然豊かな地域に特定の拠点として生み出されるものもある。そして，そうした駅前，郊外の分け方でなく，高齢期になると，これまで居住してきた地域の人間関係や社会的つながりを尊重しつつ，地域の魅力を高める「エイジング・イン・プレイス（高齢者が住み慣れた地域で安全かつ自立して快適に暮らすこと）」という考え方もある[3]。

　問題は，人々のニーズにかかわらず固着性のある土地利用が継続してしまうと，どこかで魅力のある場所・アメニティを提供できたとしても，それを享受すべき人が近接して居住できない，あるいはそうした場所なども提供しづらい，といったことが起こり得る点である。

　国土交通省の調査（土地基本調査）をベースにした分析では，わが国の宅地資産の大半（約6割）は60歳以上の者が保有しており，高齢化に伴って相続・贈与により宅地を取得した世帯主の平均年齢は，平成5年の55.6歳から平成20年の62.6歳と年々上がっている。このままでは，資産が超高齢者と高齢者の間を行き来し，所得が伸びない中で多くの若年世代がアメニティよりも所得の限界などで居住地や訪問先を決める，といったことが考えられる。

　現在，問題が顕在化し，国レベルで議論されている空き地・空き家の問題は，そうした世代間の課題を含め，不動産資産などの保有状況に余力のある人から真に必要としている人に不動産資産が円滑に移転していない可能性の表れであ

る可能性があり，喫緊の課題として対応策が検討される必要がある。

5 本章のまとめと政策的示唆

　これまでわが国においては，中心市街地の活性化策など，都市における商業環境の改善に関する必要性が叫ばれてきており，さまざまな対応策がとられてきた。一方で，都市経済学の学問的議論においては，それら商業環境と「雇用」の関係は，必ずしも十分な議論が進んでおらず，都市の魅力・アメニティが都市で雇用される者や暮らす者を惹きつけ続け，都市の成長そのものを左右するという分析は，教科書的議論ではあまりなされてこなかったのが現状である。

　一方，本章で見てきたように，Glaeserなど経済学者の一部にも多様な都市の魅力・アメニティが「集積」の持続的な力を生み，まちのあり方にも影響するというとらえ方がされるようになっている。そしてそこから導き出される政策的帰結はまさしく多様である。

　具体的には，都市の集積を維持して促進するようなコンパクトシティを実現する際に，短期間で都市住民に実感されやすい魅力・アメニティが提供されるようにすることが，都市に人を惹きつけ続け，都市の成長・活性化を図る上で不可欠であると言える。

　そして，都市や集積を成り立たせているのは交通であるが，必然的に都市や集積を形づくる力の見方が変われば，交通やそれを支えるインフラのあり方も見方を変えていかなければならない。たとえば，都市内外のインフラの面では，このようなアメニティ・魅力が多くの人にとってアクセスしやすいように交通手段としてのインフラを整えることや，公園，広場，公共施設など空間・点としてのインフラが自らその魅力を最大化することが重要である。

　その際，雇用や生産力を支えるため，就業人口や現況の交通量などから割り出された整備の定型的な水準や仕様を重視するよりもむしろ，人々のニーズを踏まえた都市の魅力のあり方を考える必要がある。そして，どのようなインフラをどのようなあり方で整備または補修する必要があるのかについて，具体の都市，場所に即して検討する必要があり，時には，タイムズ・スクエアで車道をふさいで歩行者空間が創出されたように，「容量」としての交通インフラと

「空間」としてのインフラのニーズが相克し，その解決策を検討する必要もある。

このような観点は，人口減少・超高齢化が進むわが国において，都市のあり方や必要とされるインフラをとらえなおす上で特に重要性を増していくと考えられる。今後，都市の魅力に基づく集積の影響を考慮する観点から，理論面の議論の深化と同時に，関連施策の検討が活発化することが期待される。

［付記］
　筆者のうち武藤は（独）都市再生機構経営企画部企画課長。本稿で示されている見解は筆者個人のものであり，所属機関，関係機関等の見解を代表するものではない。

▶注

1　本稿は，清水千弘［2015］「都市の魅力：スーパースターとローカルスター」『Sensuous City［官能都市］—身体で経験する都市：センシュアス・シティ・ランキング』LIFULL HOME's 総研をベースにしつつ，都市経済学上の位置づけ，政策的含意などについて加筆したものである。
2　UR都市機構では，2018年3月より「まちの改善にむけたプレイスメイキング検討会」を開催し，有識者による意見交換等を通じ，プレイスメイキング等公的空間の形成・再生手法について，手法論の検討，とりまとめを行うこととしている。検討内容は，UR都市機構ウェブサイト（https://www.ur-net.go.jp/aboutus/action/placemaking/machiindex.html）に掲載されている。
3　2017年6月に国土交通省およびUR都市機構は，米国連邦都市開発省（HUD）および連邦住宅抵当公庫（ジニーメイ）との間で「エイジング・イン・プレイス」に関する日米共同研究覚書を締結し，共同研究を開始している。研究内容は，国土交通省国土政策研究所ウェブサイト（http://www.mlit.go.jp/pri/shiryou/aip.html）に掲載されている。

▶参考文献

金本良嗣・藤原徹［2016］『都市経済学＜第2版＞』東洋経済新聞社。
清水千弘［2015］「都市の魅力：スーパースターとローカルスター」『Sensuous City［官能都市］—身体で経験する都市；センシュアス・シティ・ランキング』LIFULL HOME's 総研。
Adamson, D. W., Clark, D. E., & Partridge, M.［2004］"Do Urban Agglomeration Ef-

fects and Household Amenities have a Skill Bias?" *Journal of Regional Science*, 44(2), 201-224.

Anas, A., Arnott, R. & Small, K. [1998] "Urban Spatial Structure." *Journal of Economic Literature*, 36(3), 1426-1464.

Alonso, William. [1964] *Location and Land Use*, Harvard U. Press.

Christie, S. & Fone, D. [2003] "Equity of Access to Tertiary Hospitals in Wales: a Travel Time Analysis." *Journal of Public Health Medicine*, 25(4): 344-50.

Clark, T. N. [2004] "The City as an Entertainment Machine." *Research in Urban Policy*, 9, Elsevier.

Comber, A. J., Brunsdon, C. & Green, E. [2008] "Using a GIS-based Network Analysis to Determine Urban Greenspace Accessibility for Different Ethnic and Religious groups." *Landscape and Urban Planning*, 86: 103-114.

Florida, R. [2002] "Bohemia and Economic Geography." *Economic Geography*, 2, 55-71.

Fogel, R. W. [2000] *The Fourth Great Awakening the Future of Egalitarianism*, University of Chicago Press.

Glaeser, E. L. [1998] "Are Cities Dying?" *The Journal of Economic Perspectives*, 12, No. 2, 139-160.

Glaeser, E. L., Kolko, J. & Saiz, A. [2001] "Consumer City." *Journal of Economic Geography*, 1, 27-50.

Glaerser, E. L. [2015] What are Cities Doing So Right and So Wrong, Interview at the Guardian website.
(https://www.theguardian.com/cities/2015/may/21/what-are-cities-doing-so-right-and-so-wrong-the-experts-go-head-to-head)

Gyourko, J. Mayer, C. & Sinai, T. [2006] Superstar Cities, NBER Working Paper, 12355.

Jacobs, J. [1969] *The Economy of Cities*, Vintage Books, New York.

Krugman, P. [1991] *Geography and Trade*, M.I.T. Press.

Krugman, P. [1993] "First Nature, Second Nature and Metropolitan Location." *Journal of Regional Science*, 33(2), 129-144.

Krugman, P. [2010] The New Economic Geography, Now Middle-Aged, Prepared for presentation to the Association of American Geographers.

Mills, Edwin S. [1972] *Studies in the Structure of the Urban Economy*, The Johns Hopkins Press.

Muto, S. [2006] "Estimation of the Bid Rent Function with the Usage Decision Model." *Journal of Urban Economics*, 60(1), 33-49.

Navarro, C. J., Mateos, C. & Rodriguez, M. J. [2012] "Cultural Scenes, the Creative Class and Development in Spanish Municipalities." *European Urban and Regional Studies*, 21: 301-317.

Saita, Y., Shimizu, C. & Watanabe, T. [2016] "Aging and Real Estate Prices: Evidence from Japanese and US Regional Data." *International Journal of Housing Markets and Analysis*, 9, 69-87.

Silver, D, Clark, T. N. & Navarro, C. J. [2010] "Scenes: Social Context in an Age of Contingency." *Social Forces*, 88 (5): 2293-2324.

Shimizu, C., Yasumoto, S. Asami, Y. & Clark, T. N. [2014] "Do Urban Amenities drive Housing Rent?." CSIS Discussion Paper: (The University of Tokyo), No. 131.

Storper, M & Scott, A. G. [2009] "Rethinking Human Capital, Creativity and Urban Growth." *Journal of Economic Geography*, 9: 147-167.

Talen, E. [2001] "School, Community, and Spatial Equity: An Empirical Investigation of Access to Elementary Schools in West Virginia." *Annals of the Association of American Geographers*, 91 (3): 465-486.

Yasumoto, S., Jones, A. & Shimizu, C. [2014] "Longitudinal Trends in Equity of Park Accessibility in Yokohama, Japan: An Investigation of the Role of Causal Mechanisms." *Environment and Planning*, A, Vol. 46, 682-699.

（清水　千弘・武藤　祥郎）

第 7 章

少子高齢化時代のインフラストラクチャー投資と都市の空間構造
都市内住宅立地理論による検討

[本章のねらい]
　都市内住宅立地の理論に基づいて，都市内インフラの整備が都市構造にどのような影響を与えるか，そして，少子高齢化の進展に伴って都市構造と都市内インフラ整備のあり方がどう変わっていくか，それらを明らかにすることである。

[本章を通じてわかったこと]
　都市内インフラの整備は，都市の地理的拡大をもたらす。
　都市内インフラ整備が一つの都市だけで行われるのか，あるいはすべての都市で行われるのかによって，結果が大きく異なってくる。

[政策的な示唆・メッセージ]
　少子高齢化が進んで若年人口が減少すると都市は地理的に縮小するため，都市内インフラの整備のあり方も変わっていかなければならない。
　若年人口の減少の結果，都市の全域にわたって人口密度が低下するため，都市内インフラを整備する際，以前ほど大きな規模の経済の便益を受けることはできなくなる。
　少子高齢化時代に都市内インフラの整備を進めるにあたっては，人口密度を上げるような政策がいっそう重要になる。

1 本章のねらいと概要

　都市の空間構造は，都市内のインフラストラクチャー（以下「都市内インフラ」とよぶ）のあり方によって大きく異なる。都市構造に関して生じているさまざまな問題を解決するためには，都市内インフラの整備が都市構造にどのような影響を与えるかを明らかにする必要がある。さらに，わが国では，少子高齢化の進展と人口の減少という，これまで経験したことのない変化が始まっている。その変化に伴って都市構造がどう変わるのか，そして，そのときに都市内インフラをどのように整備していくべきか，議論を深めることが求められている[1]。

　本章のねらいは，代表的な都市経済学の理論モデルである都市内住宅立地の理論に基づいて，それらの点を検討することである。この理論は，1960年代に作られたもので，骨格を作った3人の経済学者の名前をとってアロンゾ・ミルズ・ミュースモデルともよばれる[2]。まず，人口構造の変化を考える前に，都市内インフラの整備が都市内構造に及ぼす影響を明らかにする。とくに，交通に対する投資によって都市が拡大することを見る。次いで，少子高齢化の影響を見るために理論を拡張し，若年層と高齢者が都市のどこに立地するかを検討する。都市内インフラ整備が彼らの立地に及ぼす影響についても議論する。最後に，それらの結果に基づき，少子高齢化によって都市構造がどう変わるか分析し，都市内インフラ整備に関する政策上の含意を探る。

2 同質な消費者の立地

　この節では，すべての消費者が同質である状況を考え，インフラストラクチャー投資が都市構造にどのような影響を与えるか，考察する。ここで「同質」とは，所得や選好，通勤費用の関数の形状などが同じであることを言う。次節以降は，同質性の仮定をはずし，若年層と高齢者の二つのタイプの消費者がいる場合を考える。

（1）モデル

　均質な空間に広がる単一中心都市を考える。都市の周りには一定の農業地代r_Aで賃貸される農地が広がっているものとする。ここで言う「中心」とはCBD（中心業務地区）のことであり，すべての生産活動がそこで行われ，消費者は働くために都市内の住宅からそこまで通勤したり，財・サービスを購入するためにそこを訪れたりする。CBDまで往復するのにかかる費用を交通費用とよぶことにする。労働者の場合，その大きな部分を通勤費用が占めるので，通常の説明では通勤費用という言い方をするが，ここでは高齢者も含めて考えるため，より一般的な言葉を用いる。なお，現実の都市は必ずしも一つしか中心をもたないとは限らない。東京や大阪のような大都市は，都市内にいくつかの中心をもち雇用が分散している多核都市である。この理論はその点を捨象しており，大都市よりはむしろ中小の都市を念頭においていると言えるだろう。

　さて，消費者は同質なので結果的に同じ水準の効用を得る。この水準を$\bar{u}$で表す。$\bar{u}$がどのように決まるかに関して2通りの考え方がある。

　一つは小開放都市の考え方である。消費者は，それぞれの都市に住んだ場合に得られる効用の水準を比較して，より高い効用が得られる都市に住む。都市間で得られる効用水準が異なれば消費者が移住するので，すべての調整が終わった均衡の状態では，各都市で得られる効用水準が等しくなっていなければならない。$\bar{u}$はそのようなレベルに決まる。

　もう一つは閉鎖都市の考え方である。消費者は別の都市に移住できず，各都市の人口が決まっている。効用は，都市内の土地の需要と供給が一致する水準に決まり，各都市の消費者が得る効用水準は必ずしも一致しない。現代の資本主義経済では，消費者が自由に別の都市に移住できることが多いので，以下の議論では小開放都市を考える。

　理論は二つの原理から構成されている。

　一つは，*消費者が都市内のどこに立地しどれだけの広さの住宅を選択するかが，宅地の広さと交通費用のトレード・オフの関係から決まる*ということである。消費者は，都心から離れた場所に立地することによって広い住宅に住むことができるが，同時に高額の交通費用を負担しなくてはならない。これらがちょうどバランスするよう選択を行う。

具体的には，住宅用の土地とそれ以外の財（合成財とよぶ）の2財を消費する消費者を想定する。そして，ある与えられた効用水準 $\bar{u}$ を得るために，単位面積当たり最高でいくらまで土地に支出することが可能かを考える。これを付け値地代とよぶ。図で説明しよう。図表7-1は，横軸に消費者の需要する土地の広さをとり，縦軸に合成財の量をとったものである。合成財は，単位をうまくとって価格が1になるようにしている。点Aは交通費用を差し引いた実質的な所得の大きさを表し，曲線は $\bar{u}$ に対応する無差別曲線を表す。付け値地代は，所与の点Aからちょうど無差別曲線に接するように直線を引いたときの，その直線の傾きになる。その付け値地代のもとで，この消費者は点Bが示す量だけ土地を需要する。

さて，都心から離れると交通費用が増大するので，同じだけの効用を得るためには地代が下がらなければならない。つまり，付け値地代は下落する。地代が下落すれば消費者は土地の消費量を増やす[3]。このことを図表7-1で見ると次のようになる。都心から離れると，交通費用が増大し実質所得が下落するため，点Aが下方に来る。下方の点から以前と同じ無差別曲線に接するように直線を引くと，直線は前よりも緩やかになる。したがって，付け値地代は下落する。また接点は点Bよりも右に移る。より広い土地を需要するようにな

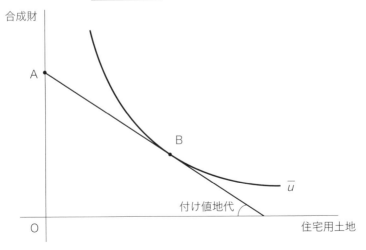

図表7-1 付け値地代の導出

るのである。

　都心から離れるにつれて付け値地代の大きさがどう変化するかを表したグラフを，付け値地代曲線とよぶ。今の説明から明らかなように，付け値地代曲線は右下がりである。また，曲線は都心から離れるほど緩やかになる。つまり，都心から離れるほど，ほんの少し都心から離れたときの付け値地代の下落の程度が小さくなっていく。この最後の性質は，次式から導かれる。

　　　－付け値地代曲線の傾き×住宅敷地の広さ＝限界交通費用　　　　　　(1)

　ここで，限界交通費用とは，ほんのわずか（たとえば1km）都心から離れたときに余分に支払わなくてはならない交通費用の大きさを表す。この式を理解するために，ある消費者が都心から少しだけ遠いところに立地点を変更したときに何が起こるかを考えよう。立地点の変更によって，彼は地代支払を節約することができる。単位面積当たりの節約額は付け値地代曲線の傾きに等しくなる。これにこの消費者が住む住宅敷地の広さを掛け合わせると地代節約の総額が求まる。(1)式の左辺はこの大きさを表している[4]。同時に，この消費者は前よりも高い交通費用を負担しなくてはならない。少し都心から離れることで，交通費用は限界交通費用分だけ増大する。(1)式は，地代節約額と交通費用の増加額が等しくなることを言っている。

　もし都心から離れたときの地代節約額が交通費用の増加額を上回るのであれば，そうすることで消費者は支出を抑えることができる。反対の場合には，都心に近づいたときの地代の増加額が交通費用の節約額を下回るため，都心に近づくことで支出を抑えることができる。いずれの場合も，消費者は立地点を変更することで支出を抑えることができるので，実際にそうしようとする。ところが，均衡は消費者が住む場所を変えるインセンティブをもたない状態である。それゆえ，均衡においては地代節約額と交通費用の増加額が等しくなっていなければならない。これが(1)式の意味である。

　(1)式は，次のように変形できる。

　　　－付け値地代曲線の傾き＝限界交通費用／住宅敷地の広さ　　　　　　(2)

　左辺は付け値地代曲線の傾きの絶対値を表す。一般に，都心から離れるほど

住宅敷地は広くなっていく。一方，交通費用は増加するが増加の程度は逓減する（限界交通費用は減少する）のが普通である。つまり，右辺の分母は大きくなり，分子は小さくなる。この結果，付け値地代曲線の傾きの絶対値は次第に小さくなる。これは曲線が緩やかになっていくことを意味している。

　もう一つの原理は，*各地点の土地を，最高の対価を支払う経済主体が利用する*ようになることである。住宅地の所有者は，土地を賃貸するとき最高の支払い額を提示した消費者に貸そうとする。この原理から二つの帰結が導かれる。

　第一に，住宅地の市場地代は付け値地代に等しくなる。同質な消費者はそれぞれの土地に同じ額の付け値をつけるため，最高の付け値がその額に等しくなるからである。

　第二に，都市は，住宅用地の付け値地代が農業地代に等しくなる地点まで広がる。宅地として使用したときの付け値地代が農業地代を上回っていれば土地は住宅地として利用されるが，逆のときには農地として利用されるからである。都心から都市の境界までの距離を b で表すことにする。

（2）都市内インフラ投資の影響

　次に，都市内インフラが改良されたとき，都市にどのような変化が生じるかを考えよう。例として，鉄道をはじめとする公共交通や道路の整備が進み，交通費用が一定の割合で一律に下落する場合を分析する。このときには，限界交通費用も下落する。

　鍵になるのは，都市内インフラの整備が*一つの都市だけで行われるのか，それとも他の都市でも一斉に行われるのか*，ということである。はじめに，一つの都市だけで行われる場合を考えよう。

　われわれが考えている都市は小開放都市であり，消費者は他の都市と比較して効用の高い都市に住む。したがって，最終的に消費者が得る効用の水準は他の都市で得られる水準と一致する。つまり，ある都市で都市内インフラ投資が行われても，均衡で得られる効用の水準は以前と同一になっていなければならない。

　さて，都市内インフラの整備によって，消費者は交通費用の負担を減らすことができる。これは実質所得の上昇をもたらす。図表7-2(a)を見よう。実質

所得の上昇の結果，付け値地代を与える直線が点 A でなく点 A' からスタートすることになる。以前と同じ効用水準 $\bar{u}$ に対応する無差別曲線に接するよう直線を引くと以前よりも急な直線が得られるので，付け値地代は上昇することがわかる。また，接点の位置は点 B から点 B' に移るので，個々の消費者の需要する土地は狭くなる。

都市の境界は，付け値地代曲線と所与の農業地代 r_A に対応する水平線との交点で決まる。したがって，付け値地代が上昇して付け値地代曲線が上にシフトすると，都市の境界は外側に移る。このように，交通費用の低下は都市の地理的拡大をもたらす[5]。

次に，都市内インフラの整備がすべての都市で一斉に行われる場合を考えよう。

単純化のために，経済にある都市の数は一定であると仮定する。分析するのは，すべての消費者が移住を終えた均衡の状態である。均衡では個々の都市の規模が等しくなるため，各都市が総人口を都市数で割った数だけの人口を抱えることになる。この人口は定数なので，消費者が別の都市に移住できない場合と同じアプローチ（閉鎖都市のアプローチ）をとることになるが，実際に移住ができないと考えているわけではなく，移住等の調整がすべて済んだ*事後的な状態*を分析しているに過ぎないことに注意してほしい。また，この場合すべての都市で条件が変化するので，消費者の効用水準は必ずしも変化前と同一にならないことに注意しよう。

さて，この場合も交通費用の下落により実質所得が上昇する。このとき，もし付け値地代が下落していたとすると，それぞれの消費者が需要する土地は広くなるので，都市は地理的に拡大していなくてはならない。ところが，地代の下落は都市の拡大でなく縮小をもたらす。したがって，付け値地代は上昇していなければならない。

付け値地代曲線が上にシフトする結果，都市は広がる。それゆえ，個々の消費者が需要する土地は広くなっているはずである。図表 7 - 2 (b) を見てほしい。消費者の実質所得が上昇するので，付け値地代を与える直線は点 A' からスタートする。しかも付け値地代が上昇するため，その直線は以前の直線よりも急な傾きをもつ。また，個々の消費者の土地需要が増えるので，直線と無差別曲線

図表7-2　インフラストラクチャー投資の効果

(a) 投資が一つの都市だけで行われる場合

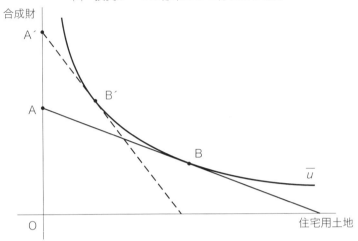

(b) 投資がすべての都市で行われる場合

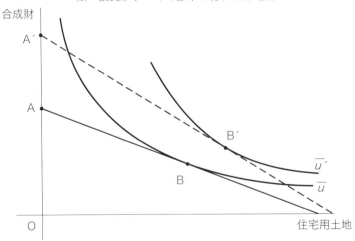

の接点は右に移動しなければならない。消費者の得る効用水準は上昇し、$\bar{u}'$ になる。

以上の分析から明らかになったことの一つは、都市内インフラの整備が一つ

の都市に限って行われようが全都市で行われようが，都市が拡大するということである。実際に，わが国では戦後一貫して都市内の交通インフラが整備されてきた。それが都市拡大の大きな理由になっている。

　それ以外の点に関しては，都市内インフラの整備は，それが一つの都市に限って行われるか全都市で行われるかで異なった結果をもたらす。図表7-2の(a)と(b)の二つの図の比較から，以下の相異点を認めることができる。

　第一に，付け値地代を与える直線は(a)の方が(b)よりも急である。全都市で都市内インフラを整備する場合よりも一つの都市で整備する場合の方が，地代は高くなる。

　第二に，そのことは，前者の場合よりも後者の場合の方が，都市の地理的な拡大幅が大きいことを意味する。

　第三に，(a)では個々の消費者が需要する土地の広さが小さくなっているのに対し，(b)ではそれが大きくなっている。したがって，*一つの都市で都市内インフラを整備すると人口密度は増大するのに対し，全都市で整備すると人口密度は下落する*。これには二つの理由がある。第一の理由は，前者の場合は都市内インフラの整備された都市の人口が増える効果があるが，後者の場合はそのような人口集中の効果がないことである。第二の理由は，先に述べたように，一つの都市で整備した場合の方がより大きく地代が上昇するため，各消費者の消費する土地がより小さくなることである。

　三番目の結論はとくに重要である。歴史的に，わが国における都市内インフラの整備は，どの都市でも平等に行われる傾向が強かった。三番目の結論は，このことが都市の人口密度を減少させる一つの理由であることを示唆する。つまり，選択的に少数の都市に絞って都市内インフラ投資を行えばそれらの都市で人口密度が減少することはなかったにもかかわらず，一律に投資を行った結果，それらの都市も人口密度の減少を経験することになったのである。このことが，中心市街地衰退の問題をここまで深刻にした一つの理由だと言うことができるだろう。

3 若年層と高齢者の立地

この節では,モデルを拡張して,労働する若年ファミリー層——「若年層」——と引退して労働しない高齢者世帯——「高齢者」——という2種類のタイプの消費者がいる経済を考える。

(1) モデル

簡単化のために,若年層と高齢者のそれぞれは同質であるとする。結果として,各タイプの消費者は,所与の住宅地に対してみな同じ額の地代を付け値する。また,議論を単純にするために,消費者は高齢になったときにあらためて立地点を決め,費用をかけずに移住できるものとする。実際には高齢者の移住費用は0でないが,この点については,ここでは考えないことにする[6]。

さて,タイプ1とタイプ2の二つのタイプの消費者がいる都市を考えよう。図表7-3は,二つのタイプの付け値地代曲線を表している。タイプ1の付け値地代曲線は比較的急な傾きをもち,タイプ2の曲線は比較的緩やかな傾きを

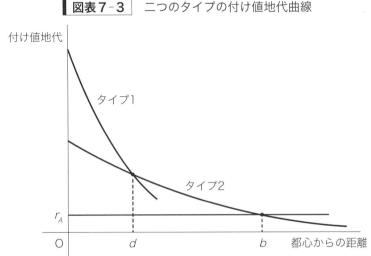

図表7-3　二つのタイプの付け値地代曲線

もつ．すでに説明したように，各地点の土地は高い付け値をつけたタイプに貸されるので，d より都心近くの住宅地がタイプ1に貸され，それより外側の住宅地がタイプ2に貸されることになる．このように考えると，もし都市内に両方のタイプが立地し，しかも付け値地代曲線が一度しか交わらないならば，*付け値地代曲線の傾きがより急であるタイプが都市の内側に立地し，より緩やかであるタイプが都市の外側に立地する*ことがわかる．もちろん，付け値地代曲線は複数回交わる可能性があり，その場合，結果はもう少し複雑になる．以下では1回しか交わらない単純なケースに議論を限定する．

ここで問題となるのは，若年層と高齢者のどちらの付け値地代曲線がより急な傾きをもつかということである．高齢者の曲線の方が急であれば高齢者が都市の内側に立地する．これは図表7-3のタイプ1が高齢者，タイプ2が若年層である場合だ．この立地のパターンを「高齢者中心型」とよぼう．逆に若年層の曲線の方が急であれば若年層が都市の内側に立地する．タイプ1が若年層である場合である．これを「高齢者郊外型」パターンとよぶ．ここで(2)式を思い出せば，どちらの立地パターンが出現するかは，二つのタイプの限界交通費用と住宅敷地の広さに依存して決まることがわかるだろう．

まず，右辺の分母の住宅敷地の広さだが，次のような理由から，若年層よりも高齢者の方が小さいと思われる．第一に，若年世帯の無視できない割合が子どもを扶養しているが，そのような世帯は子どもの分だけより広い住宅を必要とする．第二に，若年層より高齢者の方が配偶者と離別している割合が多く，その分，単身世帯が多い．第三に，高齢者にとって広い家を適切に維持・管理するには多大なコストがかかり，狭い家を選好する傾向が強くなる．(2)式は，高齢者がより狭い土地を需要する分，より急な付け値地代曲線をもつ傾向があることを示している．

問題なのは分子の限界交通費用である．若年層と高齢者で，限界交通費用はどう違うだろうか．答えは，相反する二つの要因に依存して決まる．

まず，高齢者は若年層ほど頻繁に CBD を訪れない．働く若年層は原則，平日毎日 CBD の職場に通勤するが，引退した高齢者はその必要がない．もちろん買い物には出かけるが，その頻度はそれほど高くない．このことは，都心からさらに1km 遠いところに住んでも，決められた期間に支払う交通費用がそ

れほど増えないことを意味する。つまり、高齢者の方が限界交通費用が低くなる傾向がある。

　一方、同一の距離を移動する場合、高齢者の方が高い交通費用を支払わなければならないだろう。ここで、交通の費用は金銭的費用だけでなく、移動に要する時間の価値、肉体的な苦痛や疲労の大きさなども含むことに注意しよう。交通経済学で交通の一般化費用とよばれるものである。高齢者の場合、同一距離移動するのにより長い時間がかかり、肉体的な苦痛や疲労のコストも大きくなるのが普通である。また、中小都市においては自動車が基本的な交通手段になるが、高齢になると身体能力の衰えから自動車の運転に大きなコストがかかるようになり、運転を行わなくなる場合が多い。そのため高齢者は貧弱な公共交通に頼らざるを得ず、時間コストはきわめて高くなる。これらの要因から、高齢者の方が若年層よりも限界交通費用が高くなる傾向がある。

　これら二つの要因は逆方向にはたらくので、限界交通費用がどちらのタイプでより高くなるか、決めることはできない。言えることは、高齢者が都市の中心をより頻繁に訪れ、所与の距離を移動するのにより高い交通費用を支払うときほど、高齢者の限界交通費用が高くなるということである。そうすると、そのときほど高齢者の(2)式の右辺が大きくなり、若年層よりも高齢者がより急な付け値地代曲線をもつ可能性が高くなる。つまり、高齢者中心型パターンの出現する傾向が強まる。

　以上を要約しよう。*若年層と高齢者のどちらがより都心寄りに立地するかは、それぞれのタイプが、どれほど広い土地を需要するか、どの程度の頻度で都心を訪れるか、そして、単位距離当たり移動するのにどの程度負担を感じるか、*という要因に依存して決まる。高齢者の土地需要量が相対的に小さく、高齢者の都心訪問頻度と距離当たり交通費用が相対的に高いほど、高齢者が都心寄りに立地する可能性が高くなる。

(2) 都市内インフラ投資の影響

　ここでは、道路を拡幅したりバイパスを建設したりして自動車交通を円滑にする投資を考え、それが都市構造にどのような影響を及ぼすか、考察することにしよう。

投資の影響は若年層と高齢者で同じではない。すでに述べたように高齢者は運転が困難である場合が多いため，道路に投資が行われても高齢者の限界交通費用はそれほど低くならない。そうすると，(2)式の左辺は，若年層の方が高齢者よりも大きく低下することになる。つまり，高齢者の付け値地代曲線よりも若年層の付け値地代曲線の方が相対的に，より緩やかになるのである。したがって，高齢者中心型になる傾向が強くなる。もし投資の量が非常に多ければ，それまで高齢者郊外型だった都市が，高齢者中心型に変化する可能性が出てくる。

次に付け値地代曲線の位置がどう変化するかを考えよう。ここでは，高齢者が相対的に狭い土地を需要し都市内への近接性を重視する，高齢者中心型の都市において若年層の交通費用のみ下落する場合を考える。

はじめに，一つの都市で投資が行われたとしよう。このときは，第2節（2）で説明したのと同じ論理で，交通費用の下落した若年層は前よりも高い付け値地代をつけて前よりも狭い土地に住み，都市が拡大することになる。高齢者の付け値地代曲線は以前と同じ位置に留まるため，その立地範囲は狭くなり，投資の行われた都市に住む高齢者の数が減少する。若年層の立地範囲は広くなり，しかも個々の若年層の土地需要量が減少するので，若年層の人口は増大する。要約すれば，いくらかの高齢者が都市から転出し，いくらかの若年層が都市に転入する。これが，古くから開発されて高齢者が多い都市と，都市内インフラへの投資が行われるなどして若者を惹きつけている都市の差を生むと言えよう。

次いで，すべての都市で投資が行われたとしよう。このときも若年層の付け値地代曲線が上にシフトすることを示すことができる[7]。このとき，もし高齢者の付け値地代曲線が下にシフトしていたならば，彼らが立地する範囲は狭くなる。一方で，個々の高齢者は前よりも広い土地を需要するので，立地範囲は逆に広くなっていなければならない。これは矛盾であり，結局，高齢者の付け値地代曲線は上にシフトし，個々の高齢者の土地需要は減少することがわかる。その結果，高齢者の立地範囲は狭くなる。都市が拡大するので，このことは若年層の立地範囲が広くなっていることを意味する。若年層の数は変わらないので，個々の若年層の需要する土地は広くなっているはずである。

以上で明らかなように，投資が一つの都市で行われるかすべての都市で行わ

れるかで，もたらされる結果は大きく異なってくる。

　第一に，若年層と高齢者の人口が異なってくる。一つの都市に投資を行う場合には高齢者が減って若年層が増えるが，すべての都市に投資を行う場合にはそれぞれの人口数は変わらない。

　第二に，都市内の人口密度が異なってくる。一つの都市で投資を行うと，高齢者の立地する中心部の密度は変わらないが，若年層の立地する郊外の密度は上昇する。一方，すべての都市で均等に投資を行うと，中心部の密度が上昇し，郊外の密度が低下する。

　ここで興味深いのは，政策の効果に一種の外部性が存在することである。道路など都市内インフラに対する投資は直接高齢者に影響を及ぼすわけではない。自動車を運転しない高齢者の実質所得は変化しないし，都市内の居住パターンが変わるわけでもない。ところが，投資によって都市全体の地代が変化し，間接的に高齢者も影響を受ける。とくに，すべての都市で投資が行われると，高齢者の支払う市場地代が上昇するため，高齢者の効用水準は下落してしまう。

　以上，高齢者中心型の都市における都市内インフラ投資の効果を見たが，高齢者郊外型の都市についても同様に議論することができる。

　また，都市内インフラ投資が都市全域でなく，都心寄りか郊外かどちらかに限って行われる場合を考えることも可能である。この場合，若年層と高齢者の立地パターンによって投資の効果が変わってくる。高齢者中心型の都市では，投資を都心寄りで行っても郊外で行っても若年層の交通費用が低下する。若年層は都心に通勤するからである。逆に高齢者郊外型の都市では，投資を郊外で行っても，どちらのタイプの交通費用も変化せず，何の効果もない。都心寄りで投資を行うときのみ効果がある。

　さらに，バス路線を拡充したりLRT（Light Rail Transit）を整備したりして都心部に通じる公共交通を充実させるような投資を考えることもできるだろう。これは，若年層よりもむしろ高齢者の交通費用と限界交通費用を大きく低下させるだろう。高齢者の付け値地代曲線は以前よりも緩やかになり，高齢者が郊外に立地する可能性が高まる。このような投資が都市構造に及ぼす影響についてもこれまでのやり方で分析することが可能であるが，ここでは省略する。

4 少子高齢化の進展と都市内空間構造

最後に，これまで説明してきた分析道具を用いて，少子高齢化の進展に伴って都市の空間構造がどう変化するかを考えることにしよう。

(1) モデル

少子高齢化の影響を調べる最も簡単な方法は比較静学分析である。ここでは，高齢者の人口が変わらずに若年層の人口が減少したとき，均衡がどう変化するかを調べる。

都市の規模が等しく，各都市に，若年層の総人口を都市数で割った数だけの若年層が居住し，高齢者の総人口を都市数で割った数だけの高齢者が居住する状況を考える。これまで，すべての都市で一斉に都市内インフラ投資が行われる場合を分析したが，そのとき，消費者は実際には都市間を移住できるが，事後的な均衡の状態を分析するため，あたかも人口が固定されているかのように扱うという分析方法を用いた。ここでも同じように，若年人口が減少した後，各都市は所与の若年人口と所与の高齢人口をもつと考える。

また，若年人口減少の前後で，若年層と高齢者の立地パターンが同じになる場合に議論を限定する。つまり，二つのタイプの付け値地代曲線の傾きの大小関係――すなわち(2)式の右辺の大小関係――が，変化の前後で一致している場合を考える。各タイプの限界交通費用も，各タイプが需要する土地の広さも，(2)式の右辺の大小関係を逆転させるほど大きく変化することはないと考えるからである。

以下，高齢者中心型の都市と高齢者郊外型の都市を順に分析する。なお，図表7-4と図表7-5の実線は変化前の付け値地代曲線を，破線は変化後の曲線を表す。

① 高齢者中心型の都市

高齢者中心型の都市が，若年人口の減少に伴って空間的に拡大することはあるだろうか。簡単な推論から，そのようなことはあり得ず，都市は縮小するこ

図表7-4 高齢化の影響

(a) 高齢者中心型立地パターンの場合

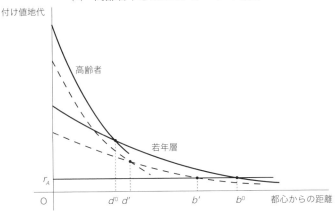

(b) 高齢者郊外型立地パターンの場合

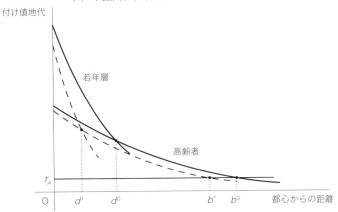

とがわかる。長くなるので、論証は章末の補論に譲ることにする。

それでは、都市が縮小することからどのような帰結が導かれるだろうか。図表7-4(a)を参照しながら考えよう。

まず、若年層の付け値地代曲線は下にシフトする。都市の境界が若年層の付け値地代曲線と農業地代曲線の交点で決まるからである。したがって、変化前にある額の付け値をつけていた消費者と変化後に同じ額の付け値をつけている

消費者では，後者の方がより都心に近いところに立地する。都心に近い立地点では交通費用を差し引いた実質所得が高くなるので，後者の消費者の方が広い土地を需要する。つまり，若年層は以前よりも広い土地に住むようになり，得られる効用水準が上昇するのである。

高齢者の付け値地代曲線はどうだろうか。上にシフトしたとすると，それぞれの立地点において高齢者が需要する土地は狭くなるので，その立地範囲は縮小しなければならない。ところが，若年層の付け値地代曲線が下にシフトするため，高齢者の立地範囲は広がってしまう。このことから，高齢者の付け値地代曲線は上ではなく下にシフトすることがわかる。その結果，個々の高齢者は前よりも広い土地を需要し，効用水準は上昇する。若年層と高齢者の立地範囲の境界は，d^0からd'へ外側に移る。ここで，若年層と高齢者それぞれの土地需要が増大するにもかかわらず都市が縮小するのは，若年人口が減って総人口が減少しているためである。

② 高齢者郊外型の都市

高齢者郊外型の都市でも，上の結果は基本的に変わらない。

まず，都市は縮小する。これについては再び補論を参照されたい。都市が縮小するので，高齢者の付け値地代曲線は下にシフトし，そのそれぞれが需要する土地の量が増大する。したがって，高齢者の立地範囲は拡大する。その結果，二つのタイプが立地する範囲の境界は前よりも都心寄りに移り，若年層の立地範囲は縮小する。そのためには，若年層の付け値地代曲線が下にシフトしていなければならない。それゆえ，個々の若年層は前よりも広い土地を需要し，より高い効用を得る。この状況が図表7-4(b)に描かれている。

まとめると，若年人口の減少に伴い，都市は地理的に縮小する。若年層も高齢者も以前より低い地代を払い，広い土地に住み，高い効用水準を享受する。若年層の立地範囲は狭まり，高齢者の範囲は広がる。これらの結論は二つの立地パターンでまったく同じである。

（2）都市内インフラ投資に関する示唆

以上の分析は，今後の都市内インフラ投資のあり方に関していくつかの示唆

を与える。

　まず注目すべきは，若年層と高齢者の立地パターンにかかわらず，若年人口の減少によって都市が地理的に縮小することが示されている点である[8]。都市内インフラの整備や維持は，これを前提に進めていく必要がある。すなわち，縮退エリアにおける都市内インフラは，利用や維持のあり方を見直して将来の維持費を抑えるよう，長期的な視点でそのあり方を検討しなくてはならない。その際注意しなければいけないのは，この要請が，コンパクトシティ政策などの政策とは独立したものであるということである。つまり，仮にそれらの政策を行わないとしても，若年人口が減少する限り都市内インフラのあり方が問われるのは不可避なのである。

　次に重要なのは，都市の全域にわたって各消費者の需要する土地が広くなり，その結果，人口密度が低下するという理論上の結論である。交通や電気・ガス，水道など基盤的サービスを供給する産業は，多くの場合，費用逓減産業である。それらの産業では，産出量を増やすと平均費用が下落する。つまり，生産に規模の経済がはたらく。ところが，人口密度が低下すると単位面積当たりの需要量が減少するので，サービスを提供するのにかかる平均費用が上昇する。規模の経済の利益が失われてしまうのである。そうなると，場合によっては以前の水準のサービスを維持できなくなる。ここで興味深いのは，人口密度が低下するのが若年層の立地する領域だけではないことである。高齢者の人口は以前と変わらないにもかかわらず，彼らの立地する領域でも人口密度が減少する。規模の経済の逸失は，その分，一層深刻であると言えるだろう。

　ここに，人口の減少する都市でコンパクトシティ政策が有用であるとされている根拠が見い出される。それは規模の経済に基づくものである。ここで，都市のコンパクト化に資すると思われる政策が，逆に人口密度を下げてしまう可能性があることに注意する必要がある。たとえば，居住や交通に補助金を支出すると，個々人の所得が上昇して土地需要が増大し，その分，人口密度は下落してしまうのである。

　住宅地の人口密度が上昇するためには，それぞれの消費者の土地需要量が減少する必要がある。そのためには，消費者の実質的な所得が減少しなければならない。政策によって消費者の実質所得が増加すると，人口密度は逆に低下し

てしまうのである。したがって，実質所得を増加させる政策によって人口密度が上昇するのは，もともと住宅以外の用途に使われていた土地が住宅地として利用されるようになる場合だけである。それは，住宅の付け値地代が実質所得の増大の結果上昇し，他の用途の付け値を上回るようになって起こる。たとえば富山市のように都心部に住むことに対して補助金を与える政策をとった場合，住宅地でなかったところに政策を適用すれば望ましい効果が得られるが，以前から住宅地だったところに政策を適用すると逆効果である。

5 本章のまとめと政策的示唆

　本章では，都市内インフラ投資が都市内の空間構造にどのような影響を及ぼすかを，都市内住宅立地の理論を用いて分析した。その際，若年層と高齢者が都市のどこに立地するかに注意を払った。あわせて少子高齢化の進展によって空間構造がどう変化するかを考察し，都市内インフラの整備のあり方を検討した。

　都市内インフラの整備に関して得られた政策的含意をまとめると以下のようになる。第一に，都市内インフラの整備は，都市の地理的拡大をもたらす。第二に，都市内インフラ整備が一つの都市だけで行われるのか，あるいはすべての都市で行われるのかによって，結果が大きく異なってくる。たとえば，一つの都市だけで郊外部の道路網が整備された場合，その都市では高齢者が減って若年層が増える傾向があるが，すべての都市で郊外部の道路整備が行われる場合には高齢者と若年層の人口があまり変わらないことが予想される。第三に，理論分析は，少子高齢化が進んで若年人口が減少すると都市は地理的に縮小することを示している。このことは，人口構造の変化に伴って，都市内インフラの整備のあり方も変わっていかなければならないことを意味する。同時に，われわれの分析は，若年人口の減少の結果，都市の全域にわたってそれぞれの消費者の需要する土地が広くなり，人口密度が低下することを示している。そのため，都市内インフラを整備する際，以前ほど大きな規模の経済の便益を受けることはできなくなる。その問題を避けるには，人口密度を上げるような政策が必要である。近年議論されることの多いコンパクトシティ政策は，そのよう

な理由からも正当化されると言えるだろう。

|補論|
A．4（1）①：高齢者中心型の都市が地理的に縮小することの論証

以下，都市が拡大したと仮定して，矛盾を導き出そう。

まず，都市が拡大するのであれば，若年層の付け値地代曲線が上にシフトしていなければならない。したがって，変化前にある額の付け値をつけていた若年の消費者と変化後に同じ額の付け値をつけている若年の消費者を比べると，後者の方が都心から離れたところに立地しているはずである。後者の方が高い交通費を負担しているため実質所得は低く，需要する土地が狭くなる。したがって，*同じ数の*若年層が需要する土地の量は減少する。実際には若年人口が減少するので，若年層の需要する土地の総量はやはり減少することになる。つまり，若年層の立地範囲は狭くなる。

都市が拡大して若年層の立地範囲が狭まるので，高齢者の立地範囲は広がっていなければならない。そのためには高齢者の付け値地代曲線が上にシフトしている必要があるが，そのときには個々の高齢者の土地需要量は減少する。これは矛盾である。

B．4（1）②：高齢者郊外型の都市が地理的に縮小することの論証

ここでも，都市が拡大したと仮定して矛盾を導き出そう。もし都市が拡大したとすると，高齢者の付け値地代曲線は上にシフトしていなければならず，個々の高齢者の土地需要量は減少していなければならない。したがって，高齢者の立地範囲は縮小しているはずである。そのためには，若年層の付け値地代曲線が上にシフトしていることが必要だが，そのときには若年層の立地範囲が前よりも広くなる。ところが，それぞれの立地点における若年層の土地需要量が小さくなるので，彼らの立地範囲は狭まっていなければならない。これは矛盾である。

▶注

1 人口構造の変化と都市構造についての実証的な研究については，たとえば齊藤編著［2018］を見よ。
2 詳細な説明については，高橋［2012］等の標準的な都市経済学の教科書を参照されたい。
3 ここでは土地が正常財（上級財）だと考えている。財が正常財であれば，価格が下がると需要量は増大する。
4 付け値地代は都心からの距離に伴って減少するので，(1)式の左辺は正になる。
5 雇用と居住の郊外の比率が高くなることを郊外化とよぶが，郊外化の主要な要因は自動車普及による交通費用の低下である。Anas & Small［1998］や Glaeser & Kahn［2004］を見よ。
6 移住費用を考慮に入れても結論が大きく変わることはない。移住費用があると，付け値地代曲線はその分下にシフトするが，傾きが変わらないので二つのタイプの立地パターンは変わらない。また，移住しない消費者は若年のときと高齢のときの両方を考えて立地点を決めるので，移住する若年層の立地範囲と移住した高齢者の立地範囲の中間に立地することになる。
7 若年層の付け値地代曲線が下にシフトしたとすると，個々の若年層が前よりも広い土地を需要するため，若年層の立地範囲が広がる。一方，都市が縮小するので，高齢者の立地範囲は狭くなる。そのためには，高齢者の付け値地代曲線が下にシフトしていなくてはならない。すると個々の高齢者は前よりも広い土地を需要することになるが，これは高齢者の立地範囲が狭くなることと矛盾する。
8 理論モデルは，最も高い付け値を提示できる用途に土地が利用されると考えるが，現実にはさまざまな摩擦や歴史的な慣性があるため，必ずしもそうならない。したがって，都市が縮小する過程で，都心から離れた場所から順番に都市が農村に変わっていくわけではなく，飛び飛びに変わっていくこともあり得る。都市のスポンジ化とよばれる現象である。この状態は理論的には均衡の状態でなく，長期的には解消する一時的なものだと考えられる。

▶参考文献

齊藤誠編著［2018］『都市の老い：人口の高齢化と住宅の老朽化の交錯』勁草書房。
高橋孝明［2012］『都市経済学』有斐閣。
Anas, Alex & Small, Kenneth A.［1998］"Urban Spatial Structure." *Journal of Economic Literature*, 36, 1426-1464.
Glaeser, Edward D. & Kahn, M. E.［2004］"Sprawl and Urban Growth." in J. V.

Henderson & J. E. Thisse eds., *Handbook of Regional and Urban Economics; Cities and Geography*, Vol. 4, 2481-2527, Elsevier.

(高橋　孝明)

第 8 章

労働減少社会における社会資本整備
生産性を向上させる地域配分とは

[本章のねらい]
　労働力が急激に減少する日本社会において経済全体の生産性を向上するためには，どのような社会資本整備の地域配分を考えるべきかを議論する。

[本章を通じてわかったこと]
　集積が発生する都市的地域ほど社会資本の増加による生産力の伸び（社会資本の限界生産）は大きく，集積の経済の効果と相まって，社会資本の生産力効果が高くなっていると考えられる。

[政策的な示唆・メッセージ]
　現在の財政的制約のもとで日本経済の生産性を向上させるには，都市部に重点化した社会資本整備が必要である。社会資本整備が困難な将来人口が激減する地域では，「戦略的撤退」を探るべきであろう。

1 本章のねらいと概要

　直近（2015年）の国勢調査による日本の人口は1億2,710万人で，ピーク時（2010年1億2,806万人）から5年で約100万人も減少している。国立社会保障・人口問題研究所［2017］の中位推計によると，今後も人口減少は止まらず，2053年に1億人を下回り（9,924万人），50年後（2065年）には8,808万人まで減少する。とくに深刻なのは生産年齢人口（15歳以上64歳以下）であり，2015年時点で7,728万人とすでにピーク時（1995年8,726万人）から約11％も減少しており，50年後にはその約半分（4,529万人）となる（2015年比で約4割減）。

　生産年齢人口は潜在的な労働力を意味するから，その劇的な減少は日本経済の生産能力が大きく衰退することを意味する。加えて，図表8-1に示すように，この生産年齢人口と従属人口（老年人口＋年少人口）の差は徐々に縮まっていく。したがって，従属人口を含む人々の所得水準を維持するためには，就業者1人当たりの生産能力，つまり，労働生産性の上昇が必須の課題となる。

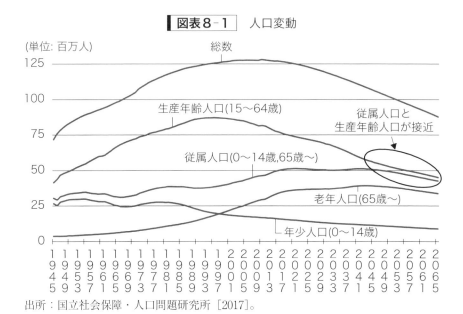

図表8-1　人口変動

出所：国立社会保障・人口問題研究所［2017］。

労働生産性の上昇には個人が身につける技量や能力（人的資本）の向上や，労働を補完もしくは代替するような生産設備（民間資本）の充実が重要であるが，加えて「社会資本」の整備のあり方も決定的な影響を与える。この社会資本とは，具体的には，道路，港湾，公園，緑地，工業用地，上下水道，公営住宅，公営病院，公的学校施設等の，企業の生産や個人の生活に資することを念頭に整備された物理的な基盤を指す[1]。社会資本は，そのほとんどが公共財的な性質を有するため，原則，公共部門によって整備・提供されることになる。

本章は，労働力減少社会における社会資本整備のあり方を議論する。以下ではまず，近年の公共投資の減少と既存の社会資本の老朽化により，将来は社会資本が徐々に減少し，労働力減少と合わせて二重苦に陥る可能性を指摘する（第2節）。次に社会資本の生産効果にかかる近年の実証分析を概観し，都市部ほど大きな社会資本の生産効果が期待できることを指摘する（第3節）。そして，集積の経済の観点から都市部における社会資本整備の重要性を議論し（第4節），若干の提言をもって本章を締めくくる（第5節）。

2 社会資本の推移

(1) 生産年齢人口の減少と生産力への含意

労働力減少の影響を系統立って考えるために，一国経済の生産能力が次のコブ・ダグラス型の生産関数で表現されると仮定しよう。

$$Y = A \cdot L^{\alpha} \cdot K^{\beta} \tag{1}$$

これは一国内に存在する労働（L）と民間資本（K）を活用して数量（Y）の生産が行われることを表している。なお，A は全要素生産性と呼ばれる正の係数で，α と β は生産に対する労働と民間投資の貢献度を表す正の係数である。したがって，生産年齢人口の動向は労働（L）の大幅な減少を示唆するから，他の条件が等しければ生産量（Y）も減少することになる。

この労働力減少の効果を相殺するには，全要素生産性（A）か民間資本（K）を増やすしかない。労働生産性（Y/L）は

$$\frac{Y}{L} = \frac{A \cdot L^\alpha \cdot K^\beta}{L} = A \cdot L^{\alpha-1} \cdot K^\beta \tag{2}$$

と定義されるから，全要素生産性（A）の向上や機械設備の導入等の民間資本（K）の蓄積は労働生産性の向上につながることが理解できる。

　社会資本は生産性を向上させる重要な要因の一つと見なされている。そこで社会資本量をGで表し，正の係数Bとγを用いて全要素生産性を

$$A = B \cdot G^\gamma \tag{3}$$

と表す。そして(3)式を(1)式と(2)式に代入すると，生産量（Y）は

$$Y = B \cdot L^\alpha \cdot K^\beta \cdot G^\gamma \tag{4}$$

と表現でき，労働生産性（Y/L）は

$$\frac{Y}{L} = \frac{B \cdot L^\alpha \cdot K^\beta \cdot G^\gamma}{L} = B \cdot L^{\alpha-1} \cdot K^\beta \cdot G^\gamma \tag{5}$$

と表現できる。つまり，社会資本（G）が増加（減少）すれば，生産量（Y）や労働生産性（Y/L）も増加（減少）することが理解できる（なお$\alpha<1$ならば労働（L）が増加すると生産性は減少する）。

（2）社会資本の推移

　この労働生産性に資すると考えられる社会資本の推移は図表8-2の通りである。同図表は，内閣府政策統括官［2018］による，ここ4半世紀（1989年度末～2014年度末）の以下3種類の社会資本量（年度末値）である[2]。

● 粗資本：現存する資本を特定時の価格水準で評価した数量。
● 純資本：経齢に伴う減耗や陳腐化等による資本財価値の減少を反映した数量。
● 生産的資本：経齢に伴って資本が提供するサービス量の減少を反映した数量。

これらすべては，2000年代から蓄積が鈍化しており，その水準は粗資本→生産

図表8-2 社会資本量の推移

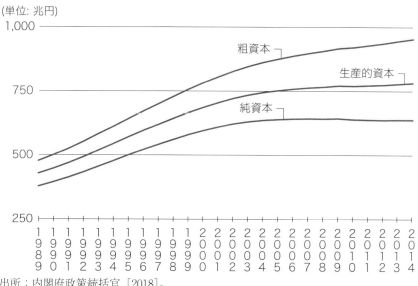

出所：内閣府政策統括官［2018］。

的資本→純資本の順番で小さくなっている。とくに純資本水準は横ばい，もしくは，年度によって微減となっている。

　この社会資本蓄積の鈍化は2000年代の公共投資の大幅な減少による。2000年度以降の公的固定資本形成（平成23暦年価格）は，経済危機直後（2009年度）や東日本大震災直後（2012～13年度）に一時的に増加しているものの，2000～2016年度の年間減少率は複利平均で2.5％，単純平均で2.8％であった。このような公共投資の減少を前提として，西村・宮崎［2012］は将来の社会資本水準を推計している。彼らは旧推計（内閣府政策統括官［2007］）の社会資本18部門のうち半分にあたる9分野（道路・港湾・海岸・治水・治山・航空・都市公園・下水道・上水道）に関して，2014年度以降の新設改良費（公共投資）が年に3％もしくは1％減少する場合の粗資本額を予測している。図表8-3は彼らが試算した同9分野の合計値を示しているが，いずれの場合も2020年度頃をピーク（約460兆円）に社会資本は減少を開始する。そして2050年度末には，247兆円（3％の場合），および318兆円（1％の場合）と大きな減少をみる。

(3) 朽ちるインフラ

　当然，新規投資額を継続的に減らすといずれ社会資本は減少することになるが，図表8-3のように急速に社会資本が減少するのは，過去の特定時期に現存する社会資本整備が集中したことにもよる。戦後日本の公共投資は90年代の終わりまでほぼ一貫して増加しているが，とくに70年代以降の公共投資水準の増加は著しい。図表8-3で利用されている社会資本の平均耐用年数は，道路49年，港湾49年，治山50年であるから[3]，現存の社会資本の多くを占めるこれらの社会資本は2020年付近から徐々に寿命を迎える（また他部門の平均耐用年数はこれらより短い）。また図表8-3は粗資本に関する予測値であることに留意したい。社会資本の生産効果を見る場合は，粗資本よりも生産的資本を利用すべきである（OECD［2009］）。図表8-2のように粗資本よりも生産的資本の伸びが小さい点を考慮すると，将来の生産的資本は西村・宮崎［2012］の予測よりも大きく減少すると予想される（なお，図表8-2にみるように純資本

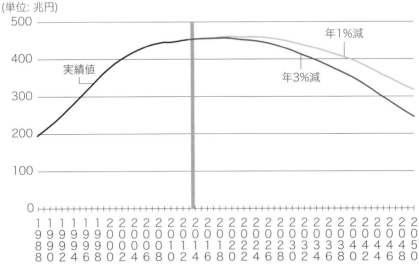

図表8-3　社会資本量の将来予測

注：西村・宮崎［2012］の図3-38の元データに基づく。内閣府政策統括官［2007］における全18部門のうち9部門の社会資本を合算したもの。
出所：西村・宮崎［2012］。

に至ってはすでに2000年代から増加していない)。つまり,今後公共投資を一定の割合で減少していくと,労働力の劇的な減少に加えて多くの社会資本が減少し,日本経済の生産能力に追加的な制約が課されることになる。

3 社会資本の生産効果

(1) 生産の社会資本弾力性

　上記の議論は社会資本が生産能力($\gamma > 0$)を有し,労働生産性を向上させることを前提としている。γの値は(4)式から

$$\gamma = \frac{Yの変化率}{Gの変化率} \tag{6}$$

となる(ここではLとKの値は固定していることに注意)。これは社会資本の生産効果を表す「生産の社会資本弾力性」と呼ばれる指標で,社会資本(G)1%の増加が,生産(Y)を何%増加させるかを表す指標である。

　この社会資本の生産効果は日本では古くから研究の対象となっており(華藤[1967],Mera[1973],Nose[1973]),とくに1990年代以降は数多くの推定が行われている(林[2003])。しかし,公共投資が鈍化した2000年以降のデータを用いた研究は図表8-4に記すようにそれほど多くない。これらの研究による弾力性γの推定値はすべて有意な正の値として推定されているが,その値は0.065～1.008とバラツキがある。しかし,とくに内生性を考慮した推定(林[2009],宮川・川崎・枝村[2013])では0.209～1.008とバラツキが小さくなるとともに,値自体も大きくなっている。2000年以前を対象にした研究からは70年代中盤から社会資本の生産効果は減少したと指摘される(土居[2008])が,図表8-4の結果を見ると,近年では社会資本の生産効果が回復していることがうかがわれる。

(2) 社会資本の限界生産

　既述の弾力性γに加え,社会資本の生産効果は「社会資本の限界生産」によっても計測できる。これは社会資本を1単位増やしたときに生産がどれ位増えるかを測る指標であり,(4)式を社会資本(G)について偏微分した関数

$$\frac{\partial Y}{\partial G} = \gamma \cdot B \cdot L^{\alpha} \cdot K^{\beta} \cdot G^{\gamma-1} = \gamma \cdot \frac{B \cdot L^{\alpha} \cdot K^{\beta} \cdot G^{\gamma}}{G} = \gamma \cdot \frac{Y}{G} \tag{7}$$

として求められる。社会資本の限界生産は(7)式から生産の社会資本弾力性（γ）と社会資本の生産性＝社会資本1単位当たりの生産量（Y/G）を掛け合わせた値（$\gamma Y/G$）で表現されることがわかる。したがって，図表8-4にあるすべての研究が想定しているように特定期間の社会資本弾力性（γ）が一定ならば，社会資本の生産性（Y/G）の動向をもって社会資本の限界生産の推移をみることができる。

図表8-4 生産の社会資本弾力性

論文	γ	期間	県内総生産	回帰モデル	推定方法
林[2009]	0.209〜0.278	1999〜2004	産業（農林水産業除く）	動学パネル	階差GMM
宮川ほか[2013]	1.008	1991〜2008	全産業	固定効果	IV
	0.714	1991〜2008	製造業	固定効果	IV
	0.300	1991〜2008	非製造業	固定効果	IV
Kataoka[2014]	0.100	1990〜2005	全産業＋政府部門	固定効果＋スピルオーバー	OLS
	0.090〜0.170	1990〜2005	全産業＋政府部門	固定効果＋スピルオーバー＋係数ダミー	OLS
大越[2015]	0.140	1991〜2010	全産業＋政府部門	固定効果	OLS
	0.065	1991〜2010	全産業＋政府部門	固定効果 1時同次制約	OLS
中東[2017]	0.131	1990〜2010	製造業（第2次産業）	固定効果	FGLS
	0.204	1990〜2010	製造業（第2次産業）北海道を除く	固定効果	FGLS
	0.068	1990〜2010	非製造業（第3次産業）	固定効果	FGLS
	0.233	1990〜2010	非製造業（第3次産業）北海道を除く	固定効果	FGLS

図表 8-4 の研究では(4)式が地域（都道府県）ごとに成立すると想定して推定しており，その推定結果を用いて社会資本の限界生産を地域別に算定することができる。そして，この地域別の限界生産を利用することで社会資本の地域配分を評価できる。たとえば，A 地域より B 地域の方が社会資本の限界生産が大きい場合（$\gamma_A \cdot Y_A/G_A < \gamma_B \cdot Y_B/G_B$），同じ 1 単位の社会資本は A 地域よりも B 地域で大きな生産を生む。したがって，国全体の生産の最大化が目的ならば B 地域の社会資本整備を優先すべきとなる。

なお図表 8-4 における研究は，(4)式で仮定しているように（特定期間に加えて）地域間でも弾力性が同値（$\gamma = \gamma_A = \gamma_B$）と想定している。この想定を用いれば，社会資本の生産性が大きい地域ほどその限界生産も大きくなり（$\gamma Y_A/G_A < \gamma Y_B/G_B \Leftrightarrow Y_A/G_A < Y_B/G_B$），前者を用いて後者を比較できる。図表 8-5 には全47都道府県ごとに2001〜2014年度の社会資本生産性（Y/G）の平均値が全国値とともに記してある。一方の図表 8-6 には図表 8-5 の元となった2001年度から2014年度までの社会資本の生産性が，全国と上位下位の都道府県に限って記してある。これらの図表からは以下の指摘ができる。

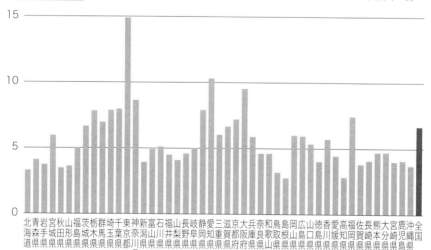

図表8-5 都道府県別社会資本の生産性（2001年度〜2014年度平均）

注：図表 8-5 における2001年度から2014年度までの各年度の値の，全47都道府県および全国値に関して平均値を表したもの。

図表8-6 社会資本生産性の推移

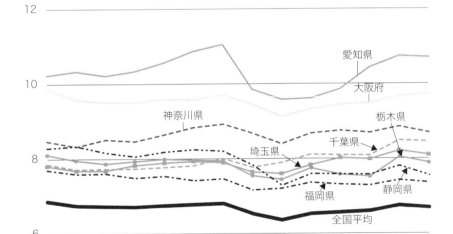

注：図における社会資本の生産性は都道府県別の総生産を当該都道府県の生産的社会資本で割った値を1000倍した数値である。総生産には「国民経済計算」から得られる国内総生産（年度2011暦年価格）を「県民経済計算」から得られる県内総生産（年度，名目）のシェアで按分したものを利用した。

第1に，社会資本生産性には都道府県間で大きなバラツキがある。とくに東京都の生産性の高さは群を抜く。図表8-5の平均値では東京都の値は全国値の約2.2倍，最低値（島根県）の約5.4倍もある。なお図表からわかるように，相対的に高い生産性を示す地域は，東京都を中心とする関東，愛知県と静岡県からなる東海の一部，大阪府を中心とする近畿，そして，北部九州の中心である福岡県と，大規模都市圏を含む都道府県である。

　第2に生産性の通時的な変化にも地域差がある（図表8-6）。経済危機以降の落ち込みはあるが，生産性の全国平均値は期間を通じほぼ横ばいである。しかし，上位と下位の都道府県では傾向は異なる。下位では，岩手県を除き全体的に緩やかな減少傾向にある。一方，上位では経済危機時の一時的減少を挟み，概ね横ばいか増加傾向にある。なお東京圏内3県（神奈川，千葉，埼玉）の増加は顕著で，2014年度の生産性は2001年度のそれよりも高い値を示す。

　既述のように，生産性の相対的な大きさをもって限界生産の相対的な大きさを知ることができる。したがって図表の結果から，社会資本の生産性＝限界生産が高い都市部に社会資本整備を集中することで，一国全体の生産をより効果的に増加できることが理解できる。

4　集積の経済と社会資本整備

(1) 集積の経済

　このような都市部の生産性の高さは，「集積の経済（agglomeration economies）」と関連付けて考えることができる。ここで「集積」とは特定地域における経済主体の密集を，そして，「経済」とは集積を通じて生じる生産性の向上を指す。なお「集積」は，①単一産業が特定空間に密集する「地域特化」と②様々な複数の産業が特定空間に密集する「都市化」に分けられる（e.g., 佐藤ほか［2011］）。

　集積による生産性向上への経路は以下のように整理できる。第1は企業間取引である。同一産業が同一地域に密集することは，同様の活動や需要をもつ企業が増加することを意味する。その結果，中間取引において互いに適した取引相手を見つけたり[4]（マッチング），中間財の共同購入や最終製品の共同配送

等を通じて費用を節約（規模の経済）したりできるであろう。さらに特定の企業との取引が中断しても他企業への乗り換えは容易になり，リスク対策として大きな在庫を抱える必要性も小さくなる（リスク・シェアリング）。企業間取引では対面取引は未だ重要であり，集積はそれにかかる取引費用も節減する。

　第2は雇用に関連する。特定産業が集積する地域では当該産業が需要するさまざまな人材も豊富に存在するであろう。したがって集積地域では，企業と求職者が互いに適した相手を見つけやすくなる（マッチング）[5]。また同じ理由で，雇用時の技能訓練の必要性が小さくなり，人材育成費用も少なくて済む。つまり，集積によって迅速な人材の確保や解雇といった生産調整が可能になり，市場動向に応じた一種のリスク・シェアリングが容易になる。

　最後は技術革新（イノベーション）である。生産性向上には多くの知識を必要とする。すべての知識が紙・電子媒体で獲得可能であれば，企業間の対面交流は重要ではないだろう。しかし重要な知識は，媒体だけでは伝達が難しいかもしれない。その場合，対面交流は重要な役割を担う。なお対面交流は，企業間取引だけではなく，外食や余暇活動等の非公式な接触によっても発生する。集積はそのような対面交流の費用を下げる。その結果，特定の企業内の技術や知識が他企業へ伝播しやすくなり，技術革新に大きく貢献すると考えられる。

　上記3つの効果は地域特化と都市化の双方に当てはまる。しかし，とくに都市化の経済においては経済活動が複数の産業を跨ぐことになるため，中間財市場や労働市場でのマッチングやリスク・シェアリングはさらに容易になり，対面交流を通じて伝播する技術や知識の量と範囲は飛躍的に大きくなると考えられる。

（2）集積（都市化）の効果

　以下では都市化の経済に限って議論を進めよう。集積が生産に与える効果は，都市規模（S）と社会資本の効果を除いた全要素生産性（B）の関係を

$$B = \phi \cdot S^\sigma \tag{8}$$

と想定することで表現できる。ここでは，正の値をとる定数 σ が，生産の都市規模弾力性となり，都市化の経済の規模を表す指標となる。ここで(8)式を(4)式に代入すると，生産関数は

$$Y = \phi \cdot S^\sigma \cdot L^\alpha \cdot K^\beta \cdot G^\gamma \tag{9}$$

となり，社会資本の限界生産は

$$\frac{\partial Y}{\partial G} = \gamma \cdot \frac{Y}{G} = \gamma \cdot \frac{\phi \cdot S^\sigma \cdot L^\alpha \cdot K^\beta \cdot G^{\gamma-1}}{G} \tag{10}$$

と表現できる。つまり，都市規模（S）が大きいほど，社会資本の限界生産も増加する。また，都市規模が大きければ地域内に存在する労働（L）や資本（K）の数量も大きいであろうから，社会資本の限界生産はさらに大きくなるであろう。

都市化の経済は複数の方法を用いて計測されているが，日本における研究の多くは，(9)式を自然対数変換した

$$\ln Y = \ln\phi + \sigma \cdot \ln S + \alpha \cdot \ln L + \beta \cdot \ln K + \gamma \cdot \ln G \tag{11}$$

を用いて都市規模弾力性（σ）を推定している。図表8-7は日本における都市化の経済を検証した研究の一覧である。なお一部（Kanemoto et al. [1996], Nakamura [2012], Otsuka & Goto [2015b], Otsuka [2017]）を除き，これらの研究では社会資本の効果（$\gamma \ln G$）は考慮されていない。

図表8-7の研究では，都市規模を表す変数として，人口規模，人口密度，もしくは雇用量が利用されている。それらのうち事業所単位のデータを用いた推計はMorikawa [2011] とNakamura [2012] のみであり，他は地域単位（市・都市圏・都道府県）の集計データを用いている。この場合，都市規模が雇用量で表されると，都市規模と労働が同値になる（$\ln S = \ln L$）ため，(11)式は

$$\ln Y = \ln\phi + (\alpha + \sigma) \cdot \ln L + \beta \cdot \ln K + \gamma \cdot \ln G \tag{12}$$

と再表現される。したがって(12)式をそのまま推定すると $\ln L$ の係数は $a = \alpha + \sigma$ となり，都市規模弾力性（σ）を識別できない。そこで多くの研究は，労働と資本に関して一次同時（$\alpha + \beta = 1$）を仮定し，a と β の推定値を用いて都市規模弾力性（$\sigma = a + \beta - 1$）を識別している。

これらの研究では都市規模の効果が直感的にわかるように，都市規模が2倍

図表8-7 集積（都市化）の経済にかかる先行研究

論文	都市規模を倍にしたときの生産の増加	期間	被説明変数	都市規模を表す変数	地域単位
Nakamura [1985]	2%～5.4%*	1979（横断）	総生産（製造業／複数）	DID人口	市
Tabuchi [1986]	0.8%～5.5%	1980（横断）	労働生産性（製造業／複数）	人口密度	市
Kanemoto et al. [1996]	2.1%	1985（横断）	総生産（民間部門）	雇用	都市圏
Tabuchi & Yoshida [2000]	4.9%～8.3%	1992（横断）	労働生産性（製造業）	人口	都市圏
Nakamura [2008]	5.1% 4.1% 5.9%	2003（横断） 2003（横断） 2003（横断）	総生産（製造業） 総生産（卸小売） 総生産（金融仲介）	人口 人口 人口	都道府県 都道府県 都道府県
大塚 [2008]	6.1% 6.7% 6.7%	1980～2002 1980～2002 1980～2002	総生産 総生産（製造業） 総生産（非製造業）	人口 人口 人口	都道府県 都道府県 都道府県
Otsuka et al. [2010]	2.7% 0.9%	1980～2002 1980～2002	総生産（製造業） 総生産（非製造業）	人口密度 人口密度	都道府県 都道府県
Morikawa [2011]	5.6%～33.3% 1.9%	2002～2005の何れか（横断） 2002～2005の何れか（横断）	付加価値（製造業）12区分別** 付加価値（製造業）総額**	人口密度 人口密度	市 市
Nakamura [2012]	−4.3%～4.9%*	2005（横断）	労働生産性（製造業）15区分別**	昼間人口	市
Kakamu et al. [2012]	7.8%～10.3%	1991～2000	総生産（製造業）	雇用	都道府県
Otsuka & Goto [2015a]	11.9% 9.3%	1980～2005 1980～2005	総生産（製造業） 総生産（非製造業）	人口密度 人口密度	都道府県 都道府県
Otsuka & Goto [2015b]	7.9% 4.2% 2.2%	1980～2009 1980～2009 1980～2009	総生産 総生産（製造業） 総生産（非製造業）	人口密度 人口密度 人口密度	都道府県 都道府県 都道府県
Otsuka [2017]	18.7%	1980～2010	総生産	人口密度	都道府県

注：＊有意な係数のみ；＊＊事業所単位の個票データを使用。他は集計データ。

になったときの生産量の変化率が記されている。図表8-7も当該値を示しているが，それは都市規模弾力性σに2の自然対数値（$\ln 2 \approx 0.693$）を掛けた値として求められる[6]。ほとんどの研究において都市化は生産能力に対し正の有意な効果をもつ。有意な負の推定値となったのはNakamura [2012] による「綿・スフ織物業」における効果のみである。しかしこの負の値を除いても，都市規模が2倍になる効果は，Rosenthal & Strange [2004] が示した値（3%

〜8%)よりも振れ幅が大きく，2%〜22.8%となっている。

　この推定値のバラツキの原因としては，Melo et al.［2009］が示すように，被説明変数（生産量・労働生産性・産業部門別）や都市規模（を表す変数雇用・人口規模・人口密度）の違いに加え，データにかかわる単位（集計・個票），時期（80年代・90年代・2000年代），集計範囲（市・都市圏・都道府県），および，形式（横断・パネル）等の違いが影響を与えていると考えられる。なお，多くの研究が製造業と非製造業（サービス産業）を分けて推計を行っている。Melo et al.［2009］のメタ分析は，非製造業部門（サービス部門）の都市規模弾力性は製造業部門より約0.07大きくなるとしているが，同様の結果を示すのはMorikawa［2011］のみで，他の研究では両者の違いはないか，もしくは，製造業の方が高くなっている。いずれにせよ図表8-7の研究結果からは日本でも都市化の経済が観測されると考えてよいであろう。

（3）集積の不経済と社会資本整備

　もちろん都市化にはデメリットも存在する。そのようなデメリットは一般的に「集積の不経済」とよばれるが，最も典型的なものは「交通費用」と「混雑」であろう。都市空間が広がると住民の通勤距離や必要物品の輸送距離は平均的に長くなり，通勤・輸送費用の増加は都市全体では都市空間の増加より速く増加すると考えられる。また一定の空間に人や企業が密集することで，一定の距離を移動する時間も増大する（＝道路混雑）。加えて，人や企業の集積が進むと，既述の道路混雑に加え，騒音，空気汚染，日照・通風問題，廃棄物処理，その他公衆衛生上の問題等の「都市問題」が発生しやすい。このような混雑を中心とするデメリットは都市の拡大を抑制し，集積・都市化による生産性拡大を阻害する要因となる。

　このような都市問題を念頭に置くと，集積の経済と社会資本整備は密接に関連していることがわかる。経済活動に必要な人や物の移動には，道路・鉄道・港湾・空港などの交通インフラが必要とされ，当該インフラが存在しない場所では重要な経済活動は維持できないと言って良い。また公衆衛生上の問題を発生させずに特定の空間に多くの人々が居住するには，優れた上下水道設備や家庭ゴミ・産業廃棄物処理施設が必要となる。加えて，優れた人材を新規に雇用

したい場合，地域における有力な大学・研究機関や魅力的な文化的施設の存在は大きな助けになるであろう。

　そもそも社会資本はその利用量にかかわらず，その設置に大きな固定費用を要する。また社会資本の便益は公共財的な性質を有するため，混雑が発生しない限度内では利用量が増えても追加的な費用が発生しない。もちろん，現存する社会資本の利用許容限度を超えて人や企業が密集すると，混雑を初めとするさまざまな問題が発生する（Eberts & McMillen［1999］）。しかしそのような問題の多くは社会資本整備によって解消できる。そして問題の解消は更なる集積につながり，それによってさらに地域経済の生産性を向上することができる。このように考えると，集積が進んだ空間に整備される社会資本ほど高い効果を発揮できることになるから，都市的地域ほど社会資本の生産効果が高いという前節の結果は十分な説得力をもつ。

　図表8-7の研究の一部は都市規模と社会資本の双方の効果を明示的に考慮している。Nakamura［2012］とOtsuka［2017］は(11)式のように2つの効果を独立して考えているが，上記の議論からは，Kanemoto et al.［1996］やOtsuka & Goto［2015b］のように，社会資本と都市規模が互いに補強しながら地域の生産性に影響を与えるモデルを考えるべきであろう。実際，この2つの分析は都市規模が大きくなるほど生産の社会資本弾力性も増加することを示している。なおこの効果は，都市圏データを用いたKanemoto et al.［1996］よりも都道府県データを用いたOtsuka & Goto［2015b］によって大きく推定されている。

5 　本章のまとめと政策的示唆

　上記の議論はこれからの社会資本整備のあり方についてどのような含意をもつであろうか。今後，日本の生産年齢人口は引き続き減少し，少子高齢化も手伝って，従属人口とほぼ一致すると予測されている。したがって，生産年齢人口が従属人口を養い，双方を合わせた所得水準を現行水準で維持するためには，継続的に労働生産性を向上させる必要がある。本章では，この生産性向上には社会資本の充実も効果的であると示唆された。しかし，国内総生産の2倍以上もの公的債務が存在し，加えて，今後も社会保障関係費が大きく拡大すると見

込まれる現状では，無差別に社会資本整備を進めることは難しく，限られた予算のもとより高い効果が見込まれる部門や地域に整備を重点化する必要がある。本章では地域別の社会資本整備に限って分析を進め，集積が発生している都市部ほど社会資本の限界生産は高いことが示された。つまり，都市部に重点化した社会資本整備によって，日本経済全体の生産性を大きく向上できることが示唆される。また，都市部に社会資本整備を集中することで，さらに人や企業をひきつけ，集積の度合いを上げることができる。そして，この集積を通じてさらに日本経済の生産能力が増強されるであろう。

　それでは都市部以外の社会資本整備は等閑にして良いのであろうか。本章では非都市部における社会資本整備を議論するスペースはなかったが，以下簡単に言及することによって本章の結語としたい。まず認識すべき点としては，非都市部における人口は日本全体の人口よりも速く減少することが予測されている点である。増田編［2014］は896の自治体を「消滅可能性都市」と定義づけ大きな反響を呼んだ。それ以来「地方創生」というかけ声の下で，非都市部の人口減少を食い止めるために多額の予算が措置されてきた。しかし，他の地域から住民を呼び込むような事業であれば（米山［2018］），減少する人口の奪い合いにすぎず，日本全体でみれば公金の浪費になってしまう。

　読売新聞［2018］の報道によると，2017年の人口推計（国立社会保障・人口問題研究所［2017］）では，消滅可能性都市とされた896のうち約8割で増田編［2014］の予測より人口減が加速すると推計されている。2015年までの数値に基づくこの推計で，2014年に開始した地方創生事業を評価するのは酷であろう。しかし，2017暦年の住民基本台帳による人口移動をみると，全市町村のうち転入者が転出者を上回ったのは都市部やその周辺のベッドタウンなどに限られ，全体の約74％にあたる1,284の市町村では転出者が転入者を上回っている（総務省［2017］）。このような非都市部における地域移動を通じた人口減少は政策的にはコントロールできないと考えた方が良い。加えて現在の財政状況を考えると，将来人口が激減する地域に積極的に社会資本を整備することは非常に難しい。むしろこれからは，急激な地域人口の減少と財政運営の困難化を所与にして，限界集落の中心集落への再編を含む「戦略的な撤退」（林・齋藤編［2010］）を探るべきであろう。このような「撤退計画」は「コンパクト・シティ」にも

通じるところはある。非都市部における社会資本整備の必要性が存在するとすれば，この「戦略的な撤退」を効果的に展開するための手段としてその最も大きな意義を見い出すことができるであろう。

［謝辞］
　本章の作成において佐藤泰裕氏（東京大学）および中東雅樹氏（新潟大学）からはアドバイスを，宮崎智視氏（神戸大学）および西村隆司氏（日経BP社）からは社会資本の将来推計に関するデータをいただきました。記して感謝致します。

▶注

1　なお「社会資本」という言葉には若干の注意が必要である。英語圏では，その直訳であるsocial capitalは，本章で使用する意味とは異なり，信頼・規範・ネットワークといった社会における協調行動を促進させる無形物を指す概念として利用されている。一方，日本語で社会資本と呼ばれる概念は，「公共資本（public capital）」，「公共インフラ（public infrastructure）」，もしくは「政府資本（government capital）」と呼ばれている。日本でも「公共投資」という言葉が多用され，資本とは投資が蓄積したものであるから，本来は「公共資本」という呼称を用いるべきであろう。残念ながら日本では「社会資本」との呼称が定着しているため，本稿では「社会資本」を利用する。

2　同推計の基本的な流れについては中東［2010, 2017］，内閣府政策統括官［2018］およびOECD［2009］を参照のこと。

3　この数値は内閣府政策統括官［2007］によるものである。最新の社会資本推計（内閣府政策統括官［2018］）ではこれらと異なった平均耐用年数が用いられている。

4　これには一企業では自給が不可能もしくは高い費用がかかる社外サービスの利用も含まれる。法制度上必要となる弁護士，会計士，税理士等によるサービスや，営業上必要となる金融・投資，コンサルティング，輸送代行等の商業サービス等は社内で自給することは難しい。このようなサービスが地域内で供給されるためには，当該地域である程度まとまった需要が存在する必要がある。そして，集積が進むにつれ当該サービスの供給者も充実し，企業の生産性に寄与すると考えられる。

5　とくにマッチングの問題は専門化が著しい職業に関して顕著になると考えられる。職業の専門化は，当該技量の適用範囲の狭窄化とともに当該範囲における生産性の向上を示唆するが，経済規模が小さい空間においては，労働者の視点から

はそのような技量を発揮できる求人は少なく，企業の視点からはそのような技量をもつ労働者を見つけることは難しい。一方，集積地ではこのような雇用のマッチングは容易になり，それに伴い企業の生産性も向上すると考えられる。

6　ここで他の変数（L, K, G）の値を（L_0, K_0, G_0）という値に固定したまま，都市規模 S が S_0 から $S_1 = 2 \cdot S_0$ と2倍に増加する場合を考えよう。その変化によって生産量が Y_0 から $\ln Y_1$ へと変化すると，変化前の生産量（対数変換値）は $\ln Y_0 = \ln \phi + \sigma \ln S_0 + \alpha \cdot \ln L_0 + \beta \cdot \ln K_0 + \gamma \ln G_0$，変化後の生産量（対数変換値）は $\ln Y_1 = \ln \phi + \sigma \cdot \ln S_1 + \alpha \cdot \ln L_1 + \beta \cdot \ln K_1 + \gamma \cdot \ln G_1$ となる。ここから，$\ln Y_1 - \ln Y_0 = \sigma \ln S_1 - \sigma \ln S_0 = \sigma (\ln S_1 - \ln S_0) = \sigma \ln (S_1/S_0) = \sigma \ln (2S_0/S_0) = \sigma \ln (2)$ を得る。なお，$\ln Y_1 - \ln Y_0 = \ln (Y_1/Y_0) = \ln [1 + (Y_1 - Y_0)/Y_0]$ より，$\ln [x]$ を $x = 1$ の近傍でテーラー展開すると，$\ln [1 + (Y_1 - Y_0)/Y_0] \approx (Y_1 - Y_0)/Y_0$ を得るから，$\ln Y_1 - \ln Y_0 \approx (Y_1 - Y_0)/Y_0$ となる。すなわち，$(Y_1 - Y_0)/Y_0 \approx \sigma \ln (2)$ となる。

▶参考文献

大越利之［2015］「データで見る地方の現状—都道府県別資本の生産力効果」『土地総合研究』2015年夏号，185-193。

大塚章弘［2008］「地域経済・産業の成長に対する産業集積効果の実証分析—1981-2002年における製造業と非製造業の比較」『経済分析』(180)，1-19。

華藤健［1967］|資本ストック（金額ベース）での地域構造分析」竹内良夫編『日本の社会資本：現状分析と計画』鹿島出版会，76-100。

国立社会保障・人口問題研究所［2017］日本の将来推計人口（平成29年推計）http://www.ipss.go.jp/pp-zenkoku/j/zenkoku2017/pp_zenkoku2017.asp

佐藤泰裕・田渕隆俊・山本和博［2011］『空間経済学』有斐閣。

総務省［2017］「住民基本台帳に基づく人口，人口動態及び世帯数」（平成29年1月1日現在）（http://www.soumu.go.jp/main_content/000494952.pdf）

土居丈朗［2008］「『日本政治の経済分析』のページ：第8章2．公共投資政策追加情報」（http://www.econ.keio.ac.jp/staff/tdoi/ch8-2.html）

内閣府政策統括官［2007］『日本の社会資本2007』国立印刷局。

内閣府政策統括官［2018］『日本の社会資本2017＜一部改訂版＞』http://www5.cao.go.jp/keizai2/ioj/docs/pdf/ioj2017.pdf

中東雅樹［2010］「日本の道路資本の現状分析—中東（2010）の研究成果から」『社会資本のストック効果に関する研究』総研リポート特別号，財団法人建設物価調査会，28-35。

中東雅樹［2017］「社会資本の生産力効果に基づいた日本の社会資本の資産価値：社

会資本の稼働率を考慮した推定による投資財価格の経済学的評価」『会計検査研究』(56), 13-26。

西村隆司・宮崎智視 [2012]「分野別社会資本のストックと維持・更新投資額の将来推計」東洋大学経済学部 Working Paper No. 6。

林直樹・齋藤晋編 [2010]『撤退の農村計画―過疎地域からはじまる戦略的再編』学芸出版社。

林正義 [2003]「社会資本の生産効果と同時性」『経済分析』(169), 97-119。

林正義 [2009]「公共資本の生産効果−動学パネルによる再考」『財政研究』5, 119-140。

増田寛也編 [2014]『地方消滅―東京一極集中が招く人口減』中央公論社。

宮川努・川崎一泰・枝村一磨 [2013]「社会資本の生産力効果の再検討」RIETI Discussion Paper Series 13-J-071。

米山秀隆 [2018]「移住者呼び込みの方策―自治体による人材の選抜」『研究レポート』(451) 富士通総研経済研究所。

読売新聞（YOMIURI ONLINE）[2018]「『消滅可能性都市』8割の自治体で人口減加速」2018年05月04日12時28分（http://www.yomiuri.co.jp/politics/20180504-OYT1T50040.html?from=tw）

Eberts, R. W. & McMillen, D. P. [1999] "Agglomeration Economies and Urban Public Infrastructure." *Handbook of Regional and Urban Economics*, Elsevier Science B.V.

Kakamu, K., Polasek, W. & Wago, H. [2012] "Production Technology and Agglomeration for Japanese Prefectures During 1991-2000." *Papers in Regional Science*, 91, 29-41.

Kanemoto, Y., Ohkawara, T. & Suzuki, T. [1996] "Agglomeration Economies and a test for Optimal City Sizes in Japan." *Journal of the Japanese and International Economies*, 10, 379-398.

Kataoka, M. [2014] "Trends in the Regional Allocation of Public Investment in the Post-bubble Japanese Economy." *Letters in Spatial and Resource Sciences*, 7, 205-212.

Melo, P. C., Graham, D. J. & Noland, R. B. [2009] "A Meta-Analysis of Estimates of Urban Agglomeration Economies." *Regional Science and Urban Economics*, 39, 332-342.

Mera, K. [1973] "Regional Production Function and Social Overhead Capital: An Analysis of Japanese Case." *Regional Science and Urban Economics*, 3, 157-186.

Morikawa, M. [2011] "Economies of Density and Productivity in Service Industries: An analysis of personal service industries based on establishment-level data." *Review of Economics and Statistics*, 93, 179-192.

Nakamura, R. [1985] "Agglomeration Economies in Urban Manufacturing Industries: A case of Japanese Cities." *Journal of Urban Economics*, 17, 108-124.

Nakamura, N. [2008] "Agglomeration Effects on Regional Economic Disparities: A Comparison between the UK and Japan." *Urban Studies*, 45(9), 1947-1971.

Nakamura, N. [2012] "Contributions of Local Agglomeration to Productivity: Stochastic Frontier Estimations from Japanese Manufacturing Firm Data." *Papers in Regional Science*, 91, 569-597.

Nose, T. [1973] "Patterns of Government Capital Formation in the Economic Development of Japan 1878-1967." In: D.L. Wilfred Ed., *Public Finance, Planning and Economic Development: Essays in Honour of Ursula Hicks* (Macmillan, London), 140-73.

OECD [2009] *Measuring Capital: OECD Manual* 2009. 2nd Ed., OECD Publishing, Paris.

Otsuka, A. [2017] "Regional Determinants of Total Factor Productivity in Japan: Stochastic frontier analysis." *Annals of Regional Science*, 58, 579-596.

Otsuka, A. & Goto, M. [2015a] "Regional Policy and the Productive Efficiency of Japanese Industries." *Regional Studies*, 49, 518-531.

Otsuka, A. & Goto, M. [2015b] "Agglomeration Economies in Japanese Industries: the Solow Residual Approach." *Annals of Regional Science*, 54, 401-416.

Otsuka, A., Goto, M. & Sueyoshi, T. [2010] "Industrial Agglomeration Effects in Japan: Productive Efficiency, Market Access, and Public Fiscal Transfer." *Papers in Regional Science*, 89, 819-840.

Rosenthal, S. S. & Strange, W. C. [2004] "Evidence on the Nature and Sources of Agglomeration Economies." In: Henderson, J. V., Thisse, J. F. (Eds.), *Handbook of Urban and Regional Economics*, Vol. 4. Elsevier, Amsterdam.

Tabuchi, T. [1986] "Urban Agglomeration, Capital Augmenting Technology, and Labor market Equilibrium." *Journal of Urban Economics*, 20, 211-228.

Tabuchi, T. & Yoshida, A. [2000] "Separating Urban Agglomeration Economies in Consumption and Production." *Journal of Urban Economics*, 48, 70-84.

（林　正義）

索　引

英・数

- 3便益 …………………………………………… 104
- CES 関数 ………………………………………… 107
- CGE 分析 ………………………………………… 104
- Consumer City Theory ………………………… 132
- DID ………………………………………… 68, 75
- Glaeser, Kolko & Saiz ………………………… 134
- Glaeser［1998］ ……………………… 125, 126, 130
- SCGE 分析 ……………………………………… 104

あ行

- アクセシビリティ ……………………………… 89
- アメニティ ……… 135, 136, 137, 138, 139, 142
- 粗資本 …………………………………………… 176
- 異質性 …………………………………………… 39
- 因果関係 …………………………………… 61, 62
- インフラストック効果 ………………………… 107
- 迂回時間率 ………………………… 66, 67, 68, 71, 73
- 迂回時間割合 …………………………………… 77
- エイジング・イン・プレイス ………………… 146
- エビデンスに基づく政策形成 ………………… 82

か行

- 外部性 …………………………………………… 164
- 格差拡大 ………………………………………… 50
- 間接的効果 ……………………………………… 43
- 間接貿易 …………………………………… 39, 40
- 企業間ネットワーク …………………………… 34
- 企業間（の）取引 ……………… 36, 59, 60, 62, 77
- 企業業績 ………………………………………… 60
- 企業（の）パフォーマンス … 58, 59, 62, 67, 75, 76, 77
- 規模の経済 ………………………………… 168, 169
- 業況変化 …………………………………… 67, 75

- 空間経済学 ……………………………………… 34
- 空間的応用一般均衡 …………………………… 104
- グラビティモデル ……………………………… 38
- グレーザー ……………………………………… 125
- 傾向スコアマッチング ………………………… 68, 75
- 経済波及効果 …………………………………… 107
- 継続確率 …………………………………… 73, 77
- 継続ダミー ……………………… 65, 67, 71, 73
- 限界交通費用 ……… 155, 156, 161, 162, 164, 165
- 広義の経済効果 ………………………………… 12
- 工業統計調査 …………………… 82, 85, 87, 93, 98, 99
- 合成財 …………………………………………… 154
- 高齢者郊外型 ……… 161, 163, 164, 165, 167, 170
- 高齢者中心型 ……… 161, 162, 163, 164, 165, 170
- コネクターハブ企業 …………………………… 48
- 個票データ ………………………………… 82, 87
- 個別ショック …………………………………… 47
- 混雑 ……………………………………………… 187
- コンパクト＆ネットワーク …………………… 29
- コンパクトシティ ………………………… 168, 169

さ行

- 差の差の検定 …………………………………… 42
- サプライチェーン ……………………………… 113
- 仕入・販売取引 ………………………………… 58
- シェアリング …………………………………… 30
- 時間短縮便益 …………………………………… 104
- 識別 ………………………………………… 58, 61, 77
- 識別戦略 …………………………………… 59, 62
- 事業所展開 ……………………………………… 40
- 自然災害 …………………………………… 61, 62
- 実効集積 ………………………………………… 15
- 社会資本 ………………………………………… 175
- ——の限界生産 ……………………… 179, 180, 181

社会資本（の）生産性 ………………… 181
社会的効率性 …………………………… 104
社会的平等性 …………………………… 106
集積 …… 124, 126, 128, 130, 131, 132, 133, 134,
　　135, 136, 137, 138, 139, 141, 142, 144, 147
――の経済（不経済） ………… 13, 183, 187
集積力 …………………………………… 34, 36
純資本 …………………………………… 176
小開放都市 ………………………… 153, 156
情報スピルオーバー ……………………… 30
消滅可能性都市 ………………………… 189
ショックの波及 ………………………… 43, 48
新経済地理学 ………………… 124, 128, 129
震災 …………………………………… 58, 59, 77
新東名高速道路 ……… 82, 83, 84, 85, 86, 87, 88,
　　89, 91, 92, 96, 98, 99
スーパースターシティ …………… 134, 135
ストック効果 …………… 50, 82, 85, 98, 99
スモールワールド ……………………… 45
生産関数 ………………………………… 91, 94
生産性 …………………………………… 12
生産の資本 ……………………………… 176
生産の社会資本弾力性 ………………… 179
世代間の資産移転 ……………………… 144
全国総合交通分析システム ………… 89, 99
全要素生産性 …………………………… 91
戦略的な撤退 …………………………… 190
創造豊かな人材（Creative Class） ……… 133
ソーティング ……………………………… 39

た行

単一中心都市 …………………………… 153
単一中心都市モデル ………………… 124, 126
地域経済効果 ……………………… 104, 107
知識生産 ………………………………… 36
知識生産活動 …………………………… 37
知識波及 ………………………………… 41
地方創生事業 …………………………… 189

付け値地代 ………… 154, 155, 156, 157, 163, 169
付け値地代曲線 … 155, 156, 157, 160, 161, 162,
　　163, 164, 165, 167, 170
都市化の経済 …………………………… 184
都市間交通インフラ ……… 58, 59, 60, 61, 62, 76
都市規模 ………………………………… 185
都市内住宅立地の理論 ………… 152, 169
都市のコンパクト化 …………………… 28
取引継続確率 ……………………… 71, 75, 77
取引コスト ……………………………… 34

な行

ネットワーク構造 ……………………… 39

は行

ハブ企業 ………………………………… 45
東日本大震災 …………………………… 58
非継続ダミー …………………………… 68
ヒトの移動 ……………………………… 37
費用便益分析 …………………………… 18
不完全競争市場 ………………………… 16
プレイスメイキング（Placemaking） …… 142
プロビットモデル ……………… 67, 68, 71, 73
閉鎖都市 ………………………… 153, 157
防災投資 ………………………………… 113

ま行

マクロ変動 ……………………………… 47
モノの移動 ……………………………… 37

や行

輸出要因分析 …………………………… 96

ら行

リダンダンシー ………………………… 113
労働生産性 ………………………… 175, 176
ローカルスター …………………… 135, 139
ロジットモデル ………………………… 92

［執筆者紹介］（執筆順）

序　章　柳川　範之：東京大学大学院経済学研究科・経済学部　教授

第1章　中川　雅之：日本大学経済学部　教授

第2章　齊藤有希子：独立行政法人経済産業研究所　上席研究員

第3章　細野　　薫：学習院大学経済学部　教授
　　　　植杉威一郎：一橋大学経済研究所　教授
　　　　内田　浩史：神戸大学大学院経営学研究科　教授
　　　　小野　有人：中央大学商学部　教授
　　　　宮川　大介：一橋大学大学院経営管理研究科　准教授

第4章　要藤　正任：京都大学経済研究所先端政策分析研究センター
　　　　　　　　　　特定准教授
　　　　井上　寛規：京都大学経済研究所先端政策分析研究センター　研究員
　　　　伊藤　公二：京都大学経済研究所先端政策分析研究センター
　　　　　　　　　　特定准教授

第5章　小池　淳司：神戸大学大学院工学研究科　教授

第6章　清水　千弘：日本大学スポーツ科学部　教授・
　　　　　　　　　　マサチューセッツ工科大学不動産研究センター　研究員
　　　　武藤　祥郎：独立行政法人都市再生機構　経営企画部企画課長

第7章　高橋　孝明：東京大学空間情報科学研究センター　教授

第8章　林　　正義：東京大学大学院経済学研究科・経済学部　教授

＊平成30年4月1日現在

［編著者紹介］

柳川　範之（やながわ　のりゆき）

東京大学大学院経済学研究科・経済学部教授。博士（経済学・東京大学）。
慶應義塾大学経済学部卒業。東京大学大学院経済学研究科博士課程修了。
著書に，『法と企業行動の経済分析』（日本経済新聞出版社，日経・経済図書文化賞受賞），『契約と組織の経済学』（東洋経済新報社），『ブロックチェーンの未来』（編著，日本経済新聞出版社），『東大教授が教える独学勉強法』『東大教授が教える知的に考える練習』（いずれも草思社）ほか多数。

インフラを科学する
波及効果のエビデンス

2018年12月1日　第1版第1刷発行	
2019年10月30日　第1版第2刷発行	

編著者　柳　川　範　之
発行者　山　本　　　継
発行所　㈱中央経済社
発売元　㈱中央経済グループ
　　　　パブリッシング

〒101-0051　東京都千代田区神田神保町1-31-2
　　　電話　03 (3293) 3371（編集代表）
　　　　　　03 (3293) 3381（営業代表）
　　　http://www.chuokeizai.co.jp/
　　　印刷／昭和情報プロセス㈱
　　　製本／㈲井上製本所

©2018
Printed in Japan

＊頁の「欠落」や「順序違い」などがありましたらお取り替えいたしますので発売元までご送付ください。（送料小社負担）

ISBN978-4-502-28531-8　C3033

JCOPY〈出版者著作権管理機構委託出版物〉本書を無断で複写複製（コピー）することは，著作権法上の例外を除き，禁じられています。本書をコピーされる場合は事前に出版者著作権管理機構（JCOPY）の許諾を受けてください。
JCOPY〈http://www.jcopy.or.jp　eメール：info@jcopy.or.jp〉

著者紹介

千葉 知世（ちば ともよ）

1985年大阪府生まれ。京都大学総合人間学部卒業、京都大学大学院地球環境学舎博士課程修了。京都大学博士（地球環境学）。日本学術振興会特別研究員（DC2）、兵庫県立大学環境人間学部准教授補佐、キャンパスアジア教員（非常勤）、原子力安全技術研究組合非常勤嘱託、同単位理事勤務を経て、現在、同志社大学政策学部任期付助教。主な著作に「地下水行政に関する法制度的枠組の現状：地下水条例の分析から」『水循環研究』（58巻2号、2014年）、「地下水行政の歴史的変遷」『地下水学会誌』（60巻4号、2018年）など。単著：『琵琶湖流域ガバナンス論』、地下水保全、主ものさまざまな政策に従事。

日本の地下水政策
——地下水ガバナンスの実現に向けて

(京都大学叢書 114)

2019年3月31日　初版第一刷発行

© Tomoyo CHIBA 2019

著者　　千葉 知世

発行人　　末原 達郎

発行所　　京都大学学術出版会

京都市左京区吉田近衛町69番地
京都大学吉田南構内（〒606-8315）
電話　（075）761-6182
FAX　（075）761-6190
Home page http://www.kyoto-up.or.jp
振替　01000-8-64677

ISBN 978-4-8140-0216-0
Printed in Japan

印刷・製本　亜細亜印刷株式会社
定価はカバーに表示してあります

本書のコピー、スキャン、デジタル化等の無断複製は著作権法上での例外を除き禁じられています。本書を代行業者等の第三者に依頼してスキャンやデジタル化することは、たとえ個人や家庭内での利用でも著作権法違反です。